Daniele Zini

Il Fintech in Italia

Istruzioni per l'uso

Indice

Introduzione

Negli ultimi anni ha preso piede una leggenda metropolitana secondo la quale in Italia ci sarebbero più scrittori che lettori. Negli ultimi dodici mesi, poi, l'interesse per il Fintech sembri essersi molto raffreddato. Insomma, l'idea di scrivere un libro sul Fintech in Italia proprio in questa congiuntura potrebbe sembrare una pazzia.

In realtà, a mio avviso, si tratta di un ottimo momento per provare a delineare lo stato attuale del settore nel nostro paese. L'Italia, spesso gratuitamente criticata e relegata ad un ruolo subalterno rispetto ad altri paesi, è davvero uno straordinario serbatoio di idee e competenze che nel Fintech possono trovare spazio e compimento. Inoltre, ci si lamenta spesso della cosiddetta fuga dei cervelli ma raramente se ne celebra il ritorno. Ed il Fintech ha più volte dimostrato la sua capacità di attrarre e stimolare talenti, dando, motivazioni ben diverse dai soliti luoghi comuni sul buon cibo e sul bel clima.

Certo, fare impresa nell'Italia di oggi non è semplice. Non è semplice nemmeno parlare di innovazione in un paese che invecchia inesorabilmente. Per gli imprenditori digitali italiani è difficile raccogliere investimenti, arduo raggiungere un'adeguata base di clientela locale e davvero improbo districarsi nell'italico dedalo burocratico. Al contempo, però, gli italiani continuano instancabilmente a darsi da fare. Nel paese delle microimprese, anche il settore finanziario, un tempo arcignamente protetto da poderose barriere all'ingresso, è scosso da un fervore di novità. Forse questo è prodromico al tanto atteso Rinascimento digitale o forse la strada sarà ancora lunga ed irta di ostacoli. Comunque sia, il periodo che stiamo vivendo merita una riflessione.

Queste pagine nascono proprio in quest'ottica: fare il punto, guardare indietro a quello che è stato e soprattutto portare lo sguardo in avanti, a quello che potrebbe essere. Senza alcuna velleità particolare: non è certo un trattato accademico e tantomeno pretende di esserlo. Si tratta, invece, di un lavoro empirico, basato su anni di frequentazione del settore con diversi punti di osservazione, che intende -tra le varie cose- chiedersi cosa sia Fintech e cosa, invece, non lo sia. Una domanda cui è difficile rispondere e che implica riflessioni necessariamente agrodolci ed un costante delicato bilanciamento tra ottimismo e pessimismo, entusiasmo e disillusione.

Proprio l'equilibrio precario tra aspetti diversi è al contempo la base ed un punto di forza del Fintech; esso stesso è una sintesi tra due mondi fino a poco tempo fa apparentemente antitetici tra loro: finanza e tecnologia. E forse proprio l'Italia rappresenta l'ecosistema ideale per far sviluppare qualcosa di tanto eterogeneo. Per questo, nonostante le molte (troppe?) criticità, ne esce uno spaccato ottimista, riassumibile con un ossimoro che affonda nella storia e nella mentalità italiane: festìna lente.

Capitolo 1: Fondamenti del Fintech

1.1 Il Fintech, questo sconosciuto

Nel mondo finanziario moderno, l'evoluzione tecnologica ha portato alla creazione di un concetto ibrido che unisce finanza e tecnologia: il Fintech. Questo termine, una fusione delle parole "finanza" e "tecnologia", rappresenta l'applicazione di soluzioni tecnologiche innovative per trasformare e migliorare i servizi finanziari tradizionali. Il Fintech abbraccia un'ampia gamma di settori: pagamenti digitali, investimenti, prestiti peer-to-peer, assicurazioni digitali e molto altro ancora. In estrema sintesi, il Fintech mira a ottimizzare l'efficienza, aumentare l'accessibilità e rivoluzionare l'esperienza dei consumatori nel mondo finanziario. Nonostante sia ormai parte, nelle sue varie forme, della quotidianità di tutti, il Fintech è ancora uno sconosciuto per molti ed il suo stesso nome risulta alieno ai più.

L'origine del Fintech può essere fatta risalire almeno agli anni '70, quando i primi sistemi elettronici di trading vennero introdotti nelle borse. Tuttavia, è stato con l'avvento di Internet e delle tecnologie mobili che il Fintech ha conosciuto un'accelerazione senza precedenti. Piattaforme di pagamento online, app di mobile banking e servizi di gestione patrimoniale digitale sono solo alcune delle innovazioni che hanno ridefinito il panorama finanziario negli ultimi decenni. Globalmente, centinaia di start-up Fintech hanno guadagnato terreno, sfidando le istituzioni finanziarie tradizionali e spingendole a reinventarsi per restare competitive.

Non è immediato definire il sottile confine tra imprese finanziarie che utilizzano la tecnologia per sviluppare i propri servizi e renderli fruibili al pubblico e le aziende propriamente Fintech. Una prima distinzione, per quanto generale e sommaria, si può ricondurre alla genesi degli strumenti finanziari offerti dall'impresa. Una società Fintech si caratterizza infatti per concepire sia l'intera user experience che tutti i servizi di middle e back office come fondati sulla tecnologia. A differenza degli incumbent che utilizzano la tecnologia per aggiornare e migliorare servizi e processi esistenti.

Un aspetto strutturale peculiare del settore è la focalizzazione su uno specifico prodotto o servizio. A differenza infatti della tradizione generalista della maggior parte degli istituti italiani (al netto della datata distinzione tra banche commerciali e d'affari che ha comunque mantenuto una significativa eterogeneità nell'offerta commerciale), le imprese fintech fondano la propria organizzazione e proposizione commerciale sulla specializzazione su un determinato verticale. Nascono quindi operatori attivi esclusivamente nell'invoice trading, nell'analisi di merito creditizio, nella creazione di portafogli d'investimento e così via.

L'Italia, con la sua secolare tradizione finanziaria, si trova oggi al centro di questa rivoluzione guidata dalla tecnologia. Il Fintech offre al paese opportunità significative per modernizzare il settore finanziario, aumentare l'efficienza operativa e promuovere l'inclusione finanziaria. L'adozione di soluzioni Fintech potrebbe ridurre i costi delle transazioni, semplificare le procedure burocratiche e ampliare l'accesso ai servizi finanziari, soprattutto per le fasce di popolazione meno servite. Tuttavia, l'integrazione del Fintech in Italia non è priva di sfide, tra cui la necessità di adattarsi a nuove normative, garantire la sicurezza dei dati e affrontare l'eventuale resistenza al cambiamento da parte delle istituzioni finanziarie tradizionali.

In questo capitolo introduttivo abbiamo gettato le basi per comprendere il concetto di Fintech e il suo sviluppo a livello globale e in Italia. Nel prosieguo di questo libro, esploreremo in dettaglio l'evoluzione del Fintech nell'ambito italiano, analizzando le sfide specifiche che il paese affronta e le opportunità che si prospettano per una trasformazione profonda del settore finanziario attraverso l'innovazione tecnologica.

1.2 Evoluzione globale del Fintech

Abbiamo analizzato come l'evoluzione del Fintech sia stata guidata da una convergenza di fattori chiave che hanno ridefinito il modo in cui il mondo interagisce con i servizi finanziari. Già negli anni '70, le prime innovazioni tecnologiche nel settore finanziario hanno visto l'introduzione dei primi sistemi di trading elettronico. Tuttavia, è stato con l'avvento di Internet tra la fine degli anni '90 e l'inizio del nuovo Millennio che il Fintech ha veramente accelerato il passo, aprendo la strada ad una serie di innovazioni che hanno rivoluzionato l'intero settore finanziario negli anni a venire.

Uno dei primi verticali interessati dall'innovazione tecnologica è stato quello delle piattaforme finanziarie online. Dagli anni '90 hanno iniziato a prendere piede piattaforme di trading online che hanno consentito agli investitori di negoziare titoli direttamente da casa propria. Questo ha sconvolto il tradizionale modello di brokeraggio e ha reso l'investimento accessibile ad un pubblico più ampio. Parallelamente, i servizi di pagamento online hanno iniziato ad emergere, aprendo la strada ad una maggiore comodità nelle transazioni finanziarie. In questo ambito appare evidente la differenza tra l'adozione della tecnologia da parte di banche ed asset manager tradizionali e la creazione di nuovi servizi da parte di imprese neocostituite. In altre parole, la creazione ex novo di piattaforme di trading è stata un'iniziativa propriamente Fintech, mentre l'abbandono della "negoziazione alle grida" a favore dei book telematici non è che il naturale evolversi dei processi di borsa.

L'evoluzione dei pagamenti è stata un pilastro fondamentale nel progresso del Fintech. L'introduzione, per quanto lenta e progressiva, di carte di credito e debito ha accelerato il passaggio dai contanti ai pagamenti digitali. Tuttavia, è stata l'esplosione degli smartphone e delle app mobili a creare un cambiamento radicale nei comportamenti dei consumatori. Servizi come Apple Pay e PayPal hanno reso i pagamenti senza contanti la norma, accelerando l'adozione di soluzioni Fintech legate alla facilità di pagamento.

Come abbiamo già visto, il Fintech ha anche rivoluzionato l'industria degli investimenti e la gestione patrimoniale, non solo per quanto riguarda l'accesso ai mercati da un semplice pc domestico. Le piattaforme di robo-advisory, che utilizzano algoritmi e intelligenza artificiale per gestire gli investimenti, hanno infatti reso l'accesso alla gestione patrimoniale più conveniente e automatizzata. Questa innovazione ha reso gli investimenti più accessibili anche per i piccoli investitori.

L'intelligenza artificiale (IA) e il machine learning hanno ulteriormente potenziato l'evoluzione del Fintech. L'IA viene utilizzata per analizzare grandi quantità di dati finanziari, identificare modelli e tendenze, valutare il rischio e migliorare la personalizzazione dei servizi finanziari.

Appare nuovamente evidente come questo sia un vero processo Fintech, in quanto una nuova tecnologia ha dato "il la" a servizi di nuova concezione.

In sintesi, l'evoluzione globale del Fintech è una storia di innovazione continua alimentata dalla tecnologia. Dall'ascesa delle piattaforme finanziarie online all'adozione di criptovalute e blockchain, il Fintech ha ridefinito la struttura stessa dell'industria finanziaria. Nel prossimo capitolo, scopriremo come questa evoluzione abbia influenzato e plasmato il panorama del Fintech in diversi paesi, inclusi gli sviluppi specifici nel contesto italiano.

1.3 La finanza tecnologica in Italia: un colosso (tuttora) dai piedi d'argilla

L'Italia, con la sua ricca storia di arte e cultura, ha anche affrontato sfide economiche e strutturali significative nel corso del tempo. Nell'ambito di un'economia caratterizzata da una significativa presenza delle piccole e medie imprese, l'evoluzione del Fintech è stata una risposta alla necessità di innovare il settore finanziario e rendere più efficienti i servizi bancari tradizionali.

L'adozione del Fintech in Italia è stata inizialmente influenzata dalle spinte innovative globali, ma il paese ha avuto bisogno di tempo per adattarsi e abbracciare pienamente questa rivoluzione finanziaria.

All'inizio, la maggior parte delle innovazioni erano focalizzate sulla modernizzazione dei servizi bancari, come l'introduzione dei pagamenti online e delle prime app mobile per la gestione del conto corrente. In sostanza, quindi, gli albori del Fintech italiano sono da ricondurre a semplici iniziative di razionalizzazione e miglioramento dei processi e servizi preesistenti da parte di enti finanziari tradizionali. Questa lungimiranza da parte di alcuni player ha dato vita nel tempo ad esempi virtuosi di gruppi bancari che, da iniziali semplici utilizzatori sono poi diventati partner, investitori, soci e in alcuni casi anche veri e propri apripista per operatori Fintech specializzati.

Negli ultimi anni, l'Italia ha infatti assistito ad un aumento significativo delle start-up Fintech. Le giovani imprese si sono concentrate su diversi settori, tra cui pagamenti digitali, piattaforme di prestiti peer-to-peer e soluzioni di gestione patrimoniale automatizzata. Queste iniziative hanno portato innovazioni nei servizi finanziari e hanno contribuito a creare una comunità di imprenditori e innovatori Fintech nel paese.

Come in molti paesi, l'adozione del Fintech in Italia è stata ostacolata da sfide regolamentari e normative. L'innovazione, infatti, si è spesso scontrata con le strutture esistenti, richiedendo adeguamenti ed aggiornamenti per facilitare l'integrazione delle nuove tecnologie. Una chiara regolamentazione è assolutamente necessaria per garantire la sicurezza dei consumatori e la stabilità finanziaria. Inoltre essa rappresenta oggetto di discussione pressoché quotidiana tra gli operatori del settore, impegnati a gestire il difficile equilibrio tra tutela del consumatore e semplificazione del quadro normativo esistente.

Un aspetto interessante dell'evoluzione del Fintech in Italia è stato il crescente interesse delle istituzioni finanziarie tradizionali nell'interagire con le start-up Fintech. Le partnership e le collaborazioni tra questi due mondi hanno permesso di creare soluzioni innovative che combinano l'esperienza e la stabilità delle istituzioni finanziarie con l'agilità e l'innovazione delle start-up.

Mentre l'Italia sta facendo passi avanti nell'adozione del Fintech, rimangono molte opportunità da esplorare. L'innovazione nel settore dei pagamenti, l'espansione delle soluzioni di gestione patrimoniale digitale e l'utilizzo di tecnologie come la blockchain e l'intelligenza artificiale aprono nuove strade per una maggiore efficienza e convenienza nei servizi finanziari.

In sintesi, l'evoluzione del Fintech in Italia è stata caratterizzata da una crescita graduale e da una maggiore adozione di innovazioni finanziarie. Sebbene il paese abbia affrontato sfide regolamentari e normative, l'interesse crescente delle start-up e delle istituzioni finanziarie tradizionali nel collaborare offre prospettive promettenti per il futuro del settore. Nelle prossime sezioni di questo testo, esploreremo casi di successo specifici nel panorama Fintech italiano e le implicazioni di lungo termine per l'industria finanziaria del paese.

Capitolo 2: Panorama dell'industria finanziaria italiana

2.1 Vizi e virtù del settore finanziario italiano

Per analizzare la nascita, lo sviluppo, lo stato attuale e soprattutto le prospettive future del Fintech nel nostro Paese, non ci si può esimere da una breve analisi dell'industria finanziaria nazionale.

Il settore finanziario italiano ha subito una profonda trasformazione nel corso degli ultimi anni, rispondendo sia alle sfide globali che alle dinamiche interne dell'economia nazionale. Nel contesto di un mondo sempre più interconnesso e digitalizzato, l'Italia ha dovuto adeguarsi per rimanere rilevante e competitiva nell'arena finanziaria globale. Questo capitolo si propone di delineare l'attuale stato del settore finanziario italiano, evidenziando le sue caratteristiche salienti e le sfide che deve affrontare.

Come accaduto pressochè ovunque nel mondo, la digitalizzazione ha impregnato ogni aspetto del settore finanziario italiano. Le banche tradizionali hanno dovuto adattarsi all'era digitale per soddisfare le aspettative dei clienti sempre più orientate alla tecnologia. L'uso di applicazioni bancarie mobili, servizi di pagamento online e la consulenza finanziaria virtuale sono diventati la norma. Queste modificazioni, per quanto implementate progressivamente in almeno due decenni, hanno avuto significativi impatti sia sulla user experience per i correntisti sia sull'organizzazione del lavoro. Le ricadute occupazionali e organizzative sono sotto gli occhi di tutti: nell'ultimo decennio il numero di sportelli bancari in Italia si è ridotto di circa il 35% e gli esuberi nello stesso periodo hanno toccato le 90.000 unità. La stessa percezione sociale dell'impiego in banca si è radicalmente modificata nel corso degli ultimi quattro lustri ed il posto fisso allo sportello, da agognato obiettivo sinonimo di stabilità e relativo benessere, ha perso buona parte della sua attrattività.

Nel contempo, le Fintech -sia italiane che estere presenti commercialmente nella penisola- hanno guadagnato terreno, offrendo soluzioni innovative che vanno dall'investimento automatizzato alla gestione delle finanze personali. In linea generale, questa trasformazione ha reso accessibili i servizi finanziari ad una gamma più ampia di persone ed ha stimolato la competizione nel settore. Da questa osservazione appare evidente come la netta demarcazione tra ciò che è Fintech e ciò che lo è solo in parte sia spesso più un esercizio accademico che non un vero e proprio indicatore oggettivo. Resta comunque una netta divergenza d'approccio tra gli operatori generalisti ed i soggetti specializzati in un determinato verticale. Nel corso della trattazione cercheremo di analizzare più nel dettaglio questo aspetto, concentrandoci sul capire se questa iperspecializzazione sia davvero un elemento necessario per competere nel contesto attuale o se sia invece dovuta alla minor capacità di investimento di una start up rispetto agli incumbent. Ancor più rilevante, specie in ottica futura, è determinare se esista un fattore critico di successo in uno dei due approcci osservati.

Parallelamente al processo di digitalizzazione, anche l'attenzione verso la sostenibilità è cresciuta costantemente nel settore finanziario italiano. Gli investimenti fondati su criteri di sostenibilità ed eticità ambientali, sociali e di governance (ESG) hanno guadagnato popolarità sia tra gli investitori istituzionali che tra quelli privati. Le aziende italiane si sono impegnate a migliorare le loro pratiche ESG per attrarre investimenti e rispondere alle aspettative dei consumatori sempre più consapevoli. Non ultimo, il governo italiano ha introdotto incentivi fiscali per le imprese sostenibili ed ha promosso l'emissione di green bond per finanziare progetti legati all'ambiente.

Il settore finanziario italiano è stato influenzato da cambiamenti normativi sia a livello nazionale che europeo. L'introduzione di MiFID II ha riformato la regolamentazione degli investimenti, aumentando la trasparenza e la protezione per gli investitori. Analogamente, le normative note come PSD e PSD2 hanno introdotto nuove tutele per gli utenti (si pensi al processo di autenticazione sicura noto come *strong customer authentication*) ed hanno fatto addirittura nascere in Europa una rivoluzione culturale e di prodotto nota come Open Banking. Dell'Open Banking, dell'Open finance e della loro ancora solo parziale implementazione parleremo diffusamente più avanti. Per il momento è importante sottolineare come l'Unione Europea abbia cercato di creare un sistema bancario più integrato e resiliente nell'area Euro. Questi cambiamenti hanno richiesto alle istituzioni finanziarie italiane di adeguarsi ai nuovi requisiti, al fine di garantire allo stesso tempo la stabilità e la fiducia nei mercati.

Per l'Italia il tema di stabilità e fiducia agli occhi degli operatori internazionali è di stretta attualità da oltre un decennio. Sino alla caduta del Governo Berlusconi nel Novembre 2011, infatti, l'opinione pubblica italiana non aveva mai davvero compreso l'importanza della percezione internazionale della stabilità politico-finanziaria del paese. Con la nascita del Governo Monti, non solo concetti sino ad allora alieni al quotidiano di molti come spread e rating sono divenuti di uso comune, ma l'intero sistema- paese si è dovuto confrontare sull'importanza di comunicare efficacemente con gli interlocutori internazionali. Senza entrare in riflessioni politiche, va notato come il decennio intercorrente tra i due governi tecnici a guida Monti e Draghi si sia caratterizzato per profonde modificazioni nell'innovazione e nell'approccio internazionale di buona parte dell'industria finanziaria nazionale. Detto ciò, l'Italia affronta ancora oggi la sfida di un elevato debito pubblico, che limita la flessibilità fiscale e la capacità di investire in progetti a lungo termine. La cronica instabilità politica ha contribuito a creare incertezza nei mercati ed ha reso difficile la formulazione di politiche economiche coerenti. Tali fattori possono ovviamente influenzare la percezione degli investitori stranieri e la crescita economica complessiva. Questa breve digressione macro economica, oltre ad essere una necessaria introduzione, è anche utile per riflettere sulla difficoltà di fare nascere e crescere business finanziari di respiro internazionale in Italia. Il difficile contesto-paese risulta ancor più evidente dagli impietosi numeri relativi al funding delle start up e scale up tricolori o semplicemente dal numero di unicorni che si sono effettivamente sviluppati in Italia.

Edulcorando le naturali preoccupazioni degli addetti ai lavori accennate precedentemente, possiamo concludere che il settore finanziario italiano sia attualmente in una fase di trasformazione e adattamento. La digitalizzazione, la sostenibilità, i cambiamenti regolamentari e le sfide economiche sono elementi centrali nella definizione della sua evoluzione. L'Italia ha effettivamente dimostrato di essere in grado di abbracciare le sfide e di capitalizzare le opportunità emergenti. Tuttavia, affrontare le questioni strutturali richiede un impegno continuo da parte del settore finanziario, del governo e delle istituzioni europee. L'equilibrio tra l'innovazione finanziaria e la stabilità economica rimarrà un obiettivo cruciale nel determinare il futuro del settore finanziario italiano, così come una collaborazione fattiva, coerente e di lungo termine tra pubblico e privato.

2.2 Principali attori ed istituzioni finanziarie

Il panorama finanziario italiano è ricco di una varietà di attori che svolgono ruoli fondamentali nell'economia del paese. Banche, istituzioni finanziarie, compagnie di assicurazione e altri operatori

-storici o innovativi- hanno il difficile compito di supportare la frammentata ed eterogenea economia nazionale ed, al contempo, di fare impresa in proprio. Spesso, infatti, si tende a dimenticare che banche ed affini siano a tutti gli effetti delle aziende. Con costi da sopportare, ricavi da generare, azionisti da accontentare ed un rischio d'impresa che incombe influenzandone le scelte. Il tutto, sotto il cappello di una normativa giustamente rigorosa ma talvolta incomprensibilmente rigida e bizantina.

In linea di principio, si è soliti segmentare il mercato bancario in due macro gruppi: le banche commerciali e le banche di investimento. Si tratta di due tipologie di istituzioni con ruoli distinti all'interno del sistema finanziario. La storia della finanza ci ricorda come queste istituzioni abbiano conosciuto diverse interpretazioni normative a seconda del luogo e del periodo storico preso in considerazione. Emblematico per le conseguenze sul mercato è il celebre Glass-Steagall Act che negli Stati Uniti del 1933 ha separato le attività bancarie commerciali e di investimento. Pur senza voler entrare in un'analisi specifica sulle differenze tra i diversi paesi e su come determinati eventi abbiano poi influenzato le scelte politiche in questo ambito, è opportuno ricordare come anche la legge italiana di riforma bancaria del 1936 abbia posto fine al modello di banca mista, differenziando ex lege le attività di credito a breve ed a lungo termine. Da allora le cose sono significativamente cambiate tanto che la stessa Mediobanca, il cui nome completo è proprio Mediobanca Banca di Credito Finanziario, svolge oggi molteplici attività ed è stata, tra l'altro, promotrice di quella che oggi chiameremmo una neobank. Ci occuperemo in seguito di analizzare l'attività retail di Piazzetta Cuccia ed in particolare della controllata CheBanca!, del suo mutevole posizionamento strategico, del marketing e del prossimo re branding. Quanto detto può valere per ora come esempio di rapporto tra normativa e mercati finanziari. Ad oggi, in Italia come in molti altri paesi, queste due categorie di banche svolgono funzioni diverse.

Le banche commerciali, spesso chiamate anche banche al dettaglio o banche retail, si concentrano principalmente sulla gestione dei servizi finanziari per il pubblico in generale e le piccole e medie imprese. Offrono una vasta gamma di prodotti e servizi finanziari quotidiani, come conti correnti, prestiti personali, mutui, carte di credito, servizi di pagamento ed altri strumenti finanziari di uso comune. Inoltre, gestiscono anche il risparmio dei depositanti e facilitano le transazioni finanziarie di base. Le banche commerciali sono spesso fortemente regolamentate per garantire la sicurezza dei depositi dei clienti e la stabilità finanziaria.

Le banche commerciali italiane costituiscono il nucleo del sistema finanziario. Banche come UniCredit, Intesa Sanpaolo, Banco BPM, i circuiti BCC ed il Monte dei Paschi di Siena offrono una vasta gamma di servizi, tra cui conti correnti, prestiti, mutui, investimenti e servizi di pagamento. Queste banche giocano un ruolo essenziale nella mobilitazione delle risorse finanziarie e nel supporto alle imprese ed ai privati cittadini. Come detto, il loro business model prevede l'erogazione di una moltitudine di servizi, che spesso esulano dall'attività bancaria tipica, sfociando ad esempio nell'intermediazione assicurativa. Tale approccio, tipicamente legacy è diametralmente opposto a quello più Fintech delle neobanks come N26, Revolut o Monzo, che tendono ad offrire pochi semplici prodotti per uno specifico target di clientela.

Le banche di investimento si concentrano principalmente su attività legate agli investimenti ed alla finanza aziendale. Offrono servizi come consulenza finanziaria per fusioni e acquisizioni (attività normalmente note come M&A), emissione e gestione di titoli, consulenza strategica alle aziende, finanziamenti per progetti ed altre operazioni finanziarie complesse. Le banche di investimento lavorano spesso con grandi imprese, investitori istituzionali ed altre organizzazioni per facilitare l'allocazione di capitali ed assistere nelle decisioni finanziarie strategiche. A differenza delle banche commerciali, le banche di investimento sono più orientate agli affari ed alle operazioni finanziarie su larga scala. Va detto che il Fintech ad oggi offre servizi in concorrenza alle banche d'affari solo in specifici settori verticali, che talvolta sono condivisi con le banche commerciali. Ad esempio, piattaforme di digital lending come l'italiana Opyn o la francese October, entrano in diretta competizione sia con le banche d'affari che con quelle commerciali.

In sintesi, mentre le banche commerciali si concentrano sui servizi finanziari quotidiani per il pubblico e le piccole imprese, le banche di investimento si focalizzano su servizi finanziari più complessi legati agli investimenti, alle transazioni aziendali ed alla consulenza strategica. Tale specializzazione nasce però da una tradizione legata a passate scelte normative e non, come accade per l'industria Fintech, da forte focalizzazione su uno specifico prodotto. Inoltre, per natura e cultura peculiari, banche d'affari e Fintech, hanno tipicamente un approccio alla user experience diametralmente opposto. Serioso e legato a processi consolidati le prime, user friendly e votate alla semplicità le seconde.

Istituti come Mediobanca o Banca IMI svolgono un ruolo chiave nelle attività di finanza aziendale, fusioni e acquisizioni, emissione e gestione di titoli e consulenza finanziaria alle imprese. Queste istituzioni facilitano il flusso di capitali tra investitori e aziende, svolgendo un ruolo critico nella crescita e nello sviluppo del tessuto aziendale italiano.

Come è noto, le compagnie di assicurazione, come Generali, Allianz e Unipol, forniscono copertura assicurativa per una vasta gamma di rischi, tra cui vita, salute, proprietà e responsabilità civile. Queste istituzioni svolgono un ruolo cruciale nella gestione dei rischi finanziari delle persone e delle aziende, contribuendo a garantire stabilità finanziaria in caso di eventi imprevisti. Il mondo assicurativo merita un capitolo a parte nella nostra trattazione, anche perché la spinta innovativa nel settore ha dato vita ad una branca del Fintech nota come

Insurtech. Va comunque citato un altro punto significativo, ovvero lo stretto legame che negli anni si è creato tra compagnie assicurative e banche, sia dal punto di vista dei noti e delicati intrecci di partecipazioni reciproche, sia per le molteplici sinergie tra attività bancarie e assicurative, note come bancassurance. Per le banche l'entrata nel settore assicurativo è stata sia una strategia di differenziazione che di diversificazione. L'intermediazione di prodotti assicurativi erogati da un partner - talvolta ribrandizzati con il logo della banca- consente di incrementare e diversificare le fonti di ricavo e di offrire prodotti e servizi complementari alla propria offerta core. Per le imprese assicurative, invece una partnership bancaria significa accedere ad una più vasta platea e, grazie alla rete commerciale della banca stessa e le informazioni sulla clientela che tipicamente essa detiene, scalare significativamente il proprio business.

Le società di gestione degli investimenti, come Pioneer Investments e Amundi, offrono servizi di investimento e gestione patrimoniale. Sono responsabili della gestione di fondi comuni d'investimento, portafogli personalizzati e gestioni patrimoniali per individui ed istituzioni. L'interesse crescente per gli investimenti sostenibili ha spinto molte di queste società ad offrire anche prodotti ESG. Storicamente, il mondo degli investimenti ha visto una netta distinzione tra i piccoli risparmiatori, detti in gergo clientela retail ed affluent, e la clientela più facoltosa, tipicamente indicata come private, HNWI e UHNWI. Tale distinzione presentava differenze nella gestione commerciale, nei prodotti offerti alla clientela e nell'organizzazione interna dell'istituto. Tipicamente infatti, i clienti retail acquistavano allo sportello strumenti finanziari standard a seguito di una veloce valutazione di esigenze ed aspettative. Di contro, i clienti più abbienti venivano solitamente ricevuti da un private banker in un contesto riservato e potevano accedere a soluzioni via via più complesse e personalizzate, studiate appositamente per loro dal consulente di riferimento. Il paradigma era semplice e lineare: col crescere del capitale, aumentava anche il potenziale margine per l'istituto e, conseguentemente, il livello di servizio per il cliente. Per questo era normale per un cliente ordinario sottoscrivere collocamenti di titoli di stato od obbligazioni allo sportello (purtroppo talvolta senza un adeguato approfondimento sulla tipologia dell'emissione, sulla sua liquidabilità e sul rischio connesso all'investimento). Strumenti più sofisticati, invece, dalle gestioni al private placement, erano riservati agli High Net Worth Individuals ricevuti al primo piano. Vedremo in seguito come società Fintech quali MoneyFarm o Euclidea offrano oggi, tramite web e mobile app, strumenti evoluti anche ad investitori con solo poche migliaia o centinaia di Euro a disposizione.

L'innovazione tecnologica ha portato all'emergere di una moltitudine di servizi B2C di gestione della propria liquidità come PFM e BFM, wallet specializzati nelle transazioni di valute fiat e cripto nonché piattaforme di pagamento. Nei servizi di pagamento, almeno in questa sede, e' utile includere anche il mondo del BNPL. Con il termine Buy Now Pay Later si intende la facolta' concessa tipicamente ad un consumatore (anche se esistono alcuni modelli rivolti a professionisti ed imprese) di suddividere un pagamento in piu' rate: normalmente 3, di cui la prima a t0, la seconda a t+30 e la terza a t+60. Sull'effettiva natura di questo servizio si e' molto discusso. In linea generale si tratta di un modello a metà strada tra il mondo dei pagamenti e quello del credito, in quanto si esplicita con una semplice dilazione di pagamento entro 60 giorni (quindi in sostanza una pratica commerciale molto comune e non riservata a soggetti autorizzati) ma incorpora una, seppur generica, valutazione di merito creditizio effettuata da una terza parte. Terza parte che -di fatto- eroga un credito a titolo oneroso, facendosi carico del relativo rischio. Non e' questa la sede per una valutazione giuridica su queste tematiche, e' semplicemente utile capire il motivo per cui questo servizio viene talvolta inserito in una categoria piuttosto che nell'altra.

Ovviamente tutti i citati servizi di pagamento meriterebbero una trattazione a parte. Per il momento va sottolineato come alcuni operatori di questi verticali abbiano riscontrato un successo tale da porli come veri e propri apripista del mondo Fintech nei confronti del pubblico. Brand come Satispay e Scalapay, oltre ad essere stati i primi unicorni italiani, sono particolarmente noti anche ai non addetti ai lavori, a differenza della maggior parte degli operatori Fintech che continuano ad operare in una nicchia poco nota ai piu'.

Questi sono solo alcuni dei principali attori che compongono il vivace ed interconnesso settore finanziario italiano. La collaborazione tra banche, compagnie di assicurazione, società di gestione degli investimenti ed altre istituzioni contribuisce alla stabilità ed alla crescita dell'economia nazionale.

Grazie all'evoluzione tecnologica ed i cambiamenti regolamentari, il ruolo di questi attori è destinato a svilupparsi ulteriormente, influenzando il modo in cui le persone e le imprese accedono e gestiscono i servizi finanziari. La collaborazione tra banche, imprese di assicurazione, asset manager e Fintech va rafforzandosi ed i confini, già labili, che oggi ci consentono di definire il perimetro del Fintech, vanno a disgregarsi. Oggi sono molti gli esempi di embedded finance e servizi in white label dove una Fintech supporta una o piu' banche, senza pero' figurare e dando l'impressione che l'intero processo sia, ad ovo usque ad mala, gestito dall'istituto che rivende poi la soluzione agli utenti finali.

2.3 Regolamentazioni e normative applicative

Nonostante l'italica proverbiale lentezza legislativa, la dirompente spinta innovativa del settore Fintech e dell'innovazione tecnologica ha fatto emergere la necessità di regolamentazioni adeguate per garantire la stabilità, la trasparenza e la sicurezza dei servizi finanziari offerti, ispirando significative trasformazioni normative.

Va riconosciuto che il nostro Paese è stato il primo in Europa a varare una disciplina specifica dell'equity-based crowdfunding, introdotta dal D. L. n. 179 2012. Dopo alcune modificazioni ed integrazioni, il Regolamento del 2019 ha aggiunto importanti novità: la possibilità di emissione dei minibond sulle piattaforme di crowdfunding da parte delle PMI; la possibilità di istituire veri e propri mercati secondari di quote di PMI oltre all'apertura del settore anche ad emittenti esteri. In sintesi, questa normativa ha creato un quadro giuridico chiaro per le piattaforme di crowdfunding, consentendo ad investitori ed imprenditori di sfruttare nuove opportunità di finanziamento. La legge stabilisce requisiti specifici per le piattaforme di crowdfunding, tra cui l'obbligo di registrazione presso la Consob (Commissione Nazionale per le Società e la Borsa) e l'adesione a standard di trasparenza e divulgazione.

Secondo il piu' recente Report italiano sul crowdinvesting realizzato dagli Osservatori entrepreneurship finance & innovation del Politecnico di Milano, al mese di luglio 2022 le piattaforme attive o in fase di attivazione sul mercato italiano del crowdfunding erano oltre 90, per una raccolta complessiva di €430,6 milioni tra luglio 2021 e giugno 2022.

Resta al momento al di fuori della normativa tutto il resto del mercato del crowdfunding, tra cui spicca -per numeri e penetrazione sul mercato- il lending. Questo ambito verrà analizzato in seguito quando tratteremo il digital lending.

Il Regolamento MIFID II (Markets in Financial Instruments Directive) è un pilastro cruciale della regolamentazione finanziaria in Europa, e ovviamente interessa anche l'Italia. MIFID II mira a migliorare la trasparenza e la protezione degli investitori nei mercati finanziari. Questo regolamento influisce su una vasta gamma di attività finanziarie, compresa la prestazione di servizi di investimento, l'esecuzione degli ordini e la distribuzione di prodotti finanziari.
La lotta contro il riciclaggio di denaro e il finanziamento del terrorismo è diventata una priorità per le autorità finanziarie italiane. La legge AML impone obblighi rigorosi di monitoraggio e segnalazione delle attività sospette da parte delle istituzioni finanziarie. Risulta forse superfluo ricordare che, come tutti i player di mercato, anche le società Fintech sono tenute a verificare l'identità dei loro utenti, a segnalare transazioni sospette alle autorità competenti ed a conformarsi ai requisiti della MIFID II.

Con l'espansione del settore delle criptovalute e delle tecnologie blockchain -ambito che ricordiamo essere strettamente correlato con le crypto ma indipendente da esse grazie ad un gran numero di altri use cases- è emersa la necessità di una regolamentazione specifica. L'Italia ha adottato un approccio equilibrato, riconoscendo il potenziale delle criptovalute e stabilendo regole per garantire la sicurezza e la prevenzione del riciclaggio di denaro. Le società Fintech coinvolte in attività legate alle criptovalute devono quindi ottenere una specifica autorizzazione dalla Banca d'Italia e rispettare le normative AML.

Abbiamo già citato la seconda Direttiva sui Servizi di Pagamento, nota come PSD2, che ha aperto la strada all'Open Banking, consentendo a terze parti di avviare pagamenti da conto a conto e di accedere ai dati finanziari dei clienti, previa autorizzazione, al fine di offrire servizi innovativi. Nonostante esistessero gia' servizi basati su tecnologie diverse ma con le medesime finalita', e' interessante notare come, almeno in Unione Europea, in questo caso sia stata la normativa a fornire lo spunto per la nascita di una vera e propria industria intorno all'Open Banking e all'Open Finance. Di questi temi torneremo a parlare piu' approfonditamente in seguito, anche perche' è alle porte una nuova normativa, che per semplicita' chiameremo PSD3.

Come ogni altro paese, l'Italia sta affrontando l'evoluzione del settore Fintech anche attraverso una serie di regolamentazioni e normative mirate. In tutte le giurisdizioni, infatti, queste misure hanno il difficile compito di bilanciare innovazione e sicurezza finanziaria, creando un ecosistema favorevole allo sviluppo tecnologico ed alla concorrenza, mantenendo al contempo l'integrità del sistema finanziario nazionale. Si tratta di un aspetto per il quale il nostro Paese ha l'urgente necessità di cambiare radicalmente passo. Un contesto regolatorio semplice e snello, per quanto debitamente rigoroso, costituisce infatti un fattore critico di successo per diversi Paesi che si stanno accreditando internazionalmente come veri e propri hub del Fintech. Si tratta talvolta di Stati con una forte tradizione finanziaria come il Regno Unito ma anche di veri e propri outsider come Lituania ed Estonia. Fare impresa in Italia, è notoriamente complesso, a causa di rigidità burocratiche e di una fiscalità non particolarmente benevola. Fare impresa nel Fintech appare ancor più arduo, anche per via di un Regolatore che, forse per proprie anomalie interne, sembra arroccarsi su posizioni difensive dello status quo più che aprirsi all'innovazione. Prima di trovare un singolo colpevole, però, è utile constatare come l'Italia abbia una vera e propria deformazione culturale che la porta ad essere un paese poco incline a supportare l'imprenditoria. Ne consegue che per molti servizi la Penisola - nonostante potenziali eccellenze locali, spesso obbligate ad emigrare- sia oggi fortemente dipendente dall'estero.

2.4 Le sandbox ovvero, quando giocare è una cosa seria

Il concetto di sandbox è stato mutuato dal mondo informatico ed indica un ambito chiuso, sicuro e sterile nel quale testare software (anche potenzialmente dannosi) senza rischiare di estenderne gli effetti all'esterno. Nel dinamico mondo del Fintech, le sandbox rappresentano un ambito con confini netti stabiliti dal regolatore, entro il quale testare nuove soluzioni ; senza necessariamente adempiere sin dall'inizio ai doveri regolamentari previsti normalmente e senza che eventuali esperimenti non riusciti possano danneggiare i consumatori od il mercato. Insomma, un parco giochi per startupper, con però potenziali impatti positivi sull'economia globale.

Abbiamo visto che una sandbox è un ambiente di prova controllato e regolamentato in cui le startup e le aziende finanziarie possono sviluppare e testare nuove soluzioni, prodotti o servizi senza dover affrontare l'onere completo delle regolamentazioni finanziarie tradizionali. Questa idea è stata sviluppata per promuovere l'innovazione nel settore finanziario ed allo stesso tempo garantire la tutela degli utenti e la stabilità del sistema finanziario, riducendo notevolmente i costi ed i tempi necessari per lanciare un nuovo prodotto o servizio finanziario. Al fine di garantire il rispetto delle regole, le autorità di regolamentazione finanziaria, come le banche centrali o gli enti di vigilanza, supervisionano attentamente le attività svolte dalle imprese all'interno della sandbox.

Questi ambienti di prova hanno tipicamente una durata predeterminata che va dai sei ai ventiquattro mesi: trascorso questo tempo il progetto, se il test ha avuto successo, è maturo per andare "a mercato" e fronteggiare un contesto competitivo e maggiormente regolamentato.

In sintesi, le sandbox incentivano l'innovazione e la creatività nel settore finanziario, consentendo alle startup di sperimentare e sviluppare nuove idee senza eccessiva burocrazia. Grazie ad esse, le aziende

Fintech risparmiano tempo e denaro nello sviluppo di nuovi prodotti grazie alla semplificazione del processo regolamentare, mantenendo sempre la massima tutela per i consumatori.

Un chiaro esempio di successo di una sandbox Fintech ci arriva dal Regno Unito, dove è stato costituito il "Financial Conduct Authority (FCA) Regulatory Sandbox". Questa iniziativa ha permesso a numerose startup Fintech di testare con successo i propri servizi prima di essere pienamente regolamentate, contribuendo all'espansione ed alla diversificazione dell'ecosistema finanziario britannico. In Asia, l'Autorità monetaria di Singapore (MAS) gestisce la "Fintech Regulatory Sandbox", che ha favorito -in particolare- lo sviluppo di tecnologie blockchain, servizi di pagamento mobili e piattaforme di finanziamento partecipativo. Negli Stati Uniti, invece, la "Commodity Futures Trading Commission (CFTC)" ha creato una sandbox per l'innovazione nel trading di criptovalute e derivati finanziari. Questi mercati, all'avanguardia nel supportare le imprese Fintech nella fase di lancio, possono vantare, guarda caso, anche un significativo numero di unicorns.

In Italia, seppur con il consueto ritardo rispetto alle principali piazze finanziarie globali, il Decreto del MEF numero 100 del 30 aprile 2021, definisce le linee guida della sperimentazione Fintech nel Belpaese. Al momento, dodici start up risultano ammesse alla prima finestra e si attende di conoscere quante imprese potranno invece aderire alla seconda fascia temporale prevista. Interessante notare come in Italia, a differenza di quanto normalmente avviene nel resto del mondo, la quasi totalità dei progetti ammessi alla prima finestra annoveri tra i soci o i promotori primarie banche. Ai posteri stabilire se si tratti di straordinaria lungimiranza del ceto bancario locale o di qualche barriera all'ingresso per le imprese con sede in qualche garage di provincia.

Capitolo 3: Tecnologie chiave nel Fintech

3.1. Blockchain: cripto ma non solo

Nel settore bancario e finanziario, la tecnologia blockchain ha scatenato una rivoluzione che sta cambiando radicalmente il modo in cui le transazioni finanziarie vengono effettuate e registrate. In questo capitolo, esploreremo gli impatti e le applicazioni della blockchain in questo settore cruciale, analizzando come essa stia trasformando il modo in cui le istituzioni finanziarie operano e servono i propri clienti.

Una delle promesse più affascinanti della blockchain nel settore finanziario è la capacità di eliminare l'intermediazione. Le transazioni finanziarie tradizionali coinvolgono spesso una serie di soggetti, tra cui banche, intermediari finanziari e società di clearing. Questi intermediari, nonostante la loro attività sia stata fino ad oggi necessaria per il corretto funzionamento dell'industria, di fatto aggiungono costi e rallentano i processi. Con la blockchain, è possibile effettuare transazioni dirette tra le controparti, eliminando la necessità di intermediari. Questo non solo riduce i costi, ma accelera anche notevolmente i tempi di liquidazione.

Per definizione, la blockchain è intrinsecamente sicura grazie alla sua natura decentralizzata ed alla crittografia avanzata. Questa caratteristica è particolarmente vantaggiosa nel settore finanziario, dove la sicurezza è di fondamentale importanza. La blockchain riduce infatti notevolmente il rischio di frodi ed errori, poiché le transazioni vengono registrate in modo permanente, immutabile e sono verificabili in ogni momento da tutte le parti interessate.

Abbiamo visto come la blockchain abbia il potenziale per estendere l'accesso ai servizi finanziari a milioni di persone che altrimenti sarebbero escluse dal sistema finanziario tradizionale. Al contempo, le criptovalute e le piattaforme basate su blockchain consentono alle persone non bancarizzate di aprire un portafoglio digitale ed accedere a servizi finanziari essenziali come il risparmio, i prestiti ed i trasferimenti di denaro a basso costo. Questo può evidentemente aiutare a combattere l'esclusione finanziaria e promuovere lo sviluppo economico in regioni sottosviluppate. Al momento, siamo però ben lontani dall'effettiva realizzazione dei propositi che la blockchain ed il mondo cripto si sono proposti. In particolare, questo ultimo settore è ben lungi dall'essere un'opzione di pagamento ma costituisce più una asset class speculativa. Anche nell' utopistico esperimento di El Salvador, paese in cui il Bitcoin è valuta a corso legale, i pagamenti in crypto sono ancora abbastanza farraginosi. Non c'è quindi da stupirsi che in Italia, dove recentemente il Governo ha legiferato a favore della lobby notarile (tornando sui propri passi ed impedendo il ricorso alla tecnologia anche in sede di costituzione di start up) questi temi siano ancora lontani dalla quotidianità. Ma anche nel paese della ceralacca esistono realtà innovative come Conio, Eidoo, CheckSig, Young Platform ed altre che meritano attenzione per come stanno sviluppando tecnologie ed attirando utenti anche in un contesto-paese non particolarmente favorevole.

Oltre ad essere la tecnologia base per lo scambio di criptovalute, la blockchain consente anche la tokenizzazione degli asset tradizionali come azioni, obbligazioni ed immobili. Questo processo permette di frazionare l'accesso a tali asset, consentendo agli investitori di acquistare e scambiare piccole quote di asset precedentemente illiquidi o dall'elevato costo unitario. La tokenizzazione degli asset promuove quindi la liquidità e l'accessibilità degli investimenti, aprendo nuove opportunità per gli investitori di ogni livello.

Sulla base della blockchain, si sono sviluppati gli smart contract, ovvero programmi che eseguono automaticamente ed in modo certo accordi contrattuali. Questi contratti digitali hanno il potenziale per automatizzare molti aspetti delle transazioni finanziarie, eliminando la necessità di intermediari e semplificando processi complessi come la compensazione e la liquidazione. Gli smart contract riducono il rischio di errore e accelerano il tempo necessario per concludere accordi finanziari, oltre a garantire l'assoluta imparzialità e l'equilibrio tra le parti.

Nonostante gli indubbi vantaggi, l'impatto della blockchain nel settore finanziario è accompagnato da sfide regolamentari e questioni legate alla privacy. Gli organismi di regolamentazione stanno cercando di stabilire linee guida per garantire che le transazioni basate su blockchain siano conformi alle leggi esistenti e che la privacy degli utenti sia preservata. Questa sfida è cruciale per garantire che la tecnologia blockchain possa essere pienamente adottata nel settore finanziario senza compromettere la sicurezza e la fiducia. Resta poi il dubbio su come, possibili ritrosie culturali ed ostacoli corporativistici tipici del nostro paese, possano impattare sugli sviluppi normativi e rallentare l'evoluzione del settore. Qualora ciò avvenisse, magari con il dichiarato scopo di una maggior tutela per i consumatori, si potrebbe allargare il gap con altri mercati con un impatto certamente negativo sullo sviluppo dell'economia tricolore.

In estrema sintesi, la blockchain sta trasformando il settore bancario e finanziario globale, riducendo i costi, aumentando la sicurezza delle transazioni ed aprendo nuove opportunità per l'inclusione finanziaria e l'innovazione. Tuttavia, le sfide regolamentari, la tutela della privacy e le decisioni di governi non sempre lungimiranti e con specifica competenza nel settore, rimangono aspetti cruciali da affrontare. Questo è necessario per evitare di perdere ulteriore competitività a livello internazionale mentre questa tecnologia continua a evolversi.

3.2 L'intelligenza artificiale

Un'altra tecnologia chiave nel settore finanziario è la nota e dibattuta Intelligenza Artificiale, il cui impatto è ancora forse sottostimato. In questo capitolo, esploreremo l'ampio spettro di applicazioni dell'IA nel settore finanziario e analizzeremo come questa tecnologia stia ridefinendo le operazioni bancarie, gli investimenti, la gestione del rischio e molti altri aspetti cruciali di questo settore.

E' da rilevare come le banche siano state tra le prime ad abbracciare l'IA per automatizzare i loro processi. L'IA è utilizzata per l'automazione del supporto clienti tramite chatbot, la valutazione dei crediti, la verifica delle transazioni sospette per il riciclaggio di denaro e molte altre attività operative. Ciò non solo aumenta l'efficienza, ma riduce anche i costi operativi e il rischio di errori umani. Questo è un ottimo esempio di collaborazione tra tecnologia e finanza, per quanto -almeno per la definizione che ci siamo dati all'inizio di questo lavoro- forse non ascrivibile al Fintech in senso stretto.

Nel campo degli investimenti, l'IA sta rivoluzionando il modo in cui vengono prese decisioni finanziarie. Gli algoritmi di machine learning possono analizzare grandi quantità di dati finanziari in tempo reale, identificando tendenze e opportunità di investimento. Le piattaforme di robo-advisory utilizzano l'IA per proporre portafogli di investimento personalizzati e ottimizzati in base agli obiettivi finanziari degli investitori. Nonostante lo sviluppo di imprese specializzate nella commercializzazione B2C di portafogli creati da roboadvisor, come le citate Euclidea e MoneyFarm, buona parte dell'industria bancaria si sta concentrando sull'implementazione di "Robo for advisor". Si tratta di strumenti di machine learning a supporto delle reti bancarie e di consulenza, piuttosto che ad uso del singolo investitore. Spesso, infatti, oltre all'oggettiva analisi dei dati, il processo decisionale d'investimento si fonda su percezioni personali, bias ed altre valutazioni soggettive meglio gestibili da un consulente in carne ed ossa. Supportato però dalla tecnologia, per determinare con maggior efficacia ed efficienza la corretta allocazione da proporre alla clientela. Esempi di questo specifico verticale sono la milanese Wealthype o Robo4Advisor.

La gestione delle frodi è un altro settore in cui l'IA ha dimostrato il suo valore nel settore finanziario. Gli algoritmi di rilevamento delle frodi utilizzano il machine learning per analizzare i dati delle transazioni ed identificare modelli sospetti o transazioni anomale. Questo aiuta a prevenire frodi con carte di credito, frodi assicurative ed altri reati finanziari.

Un adagio piuttosto comune vuole che i dati siano il petrolio del settore finanziario ma questo è vero, a patto che si sappiano estrarre, gestire ed analizzare correttamente. In questo, l'IA è essenziale nell'analisi di grandi quantità di dati. Gli algoritmi di apprendimento automatico possono infatti estrarre informazioni significative dai dati non strutturati, come notizie finanziarie, tweet e rapporti aziendali, per prevedere le tendenze di mercato e valutare il rischio degli investimenti.

L'IA è essenziale anche nella gestione del rischio finanziario. Le istituzioni finanziarie utilizzano algoritmi avanzati per valutare il rischio dei prestiti, il rischio di credito, il rischio di mercato e il rischio operativo. Questi sistemi possono prevedere e mitigare i rischi in modo più efficace rispetto ai metodi tradizionali.

Sempre nel mondo degli investimenti, l'IA ha reso possibile il trading ad alta frequenza ed il trading algoritmico. Gli algoritmi di trading basati sull'IA possono eseguire operazioni in frazioni di secondo, prendendo decisioni basate su dati di mercato in tempo reale. Questi algoritmi sono in grado di rilevare opportunità di arbitraggio ed adattarsi rapidamente alle condizioni di mercato mutevoli.

Trattandosi di una tecnologia recente e, anche dal punto di vista della capacità di attrarre nuovi investimenti, sulla cresta dell'onda, l'IA continua ad evolversi rapidamente. Il suo impatto nel settore finanziario è destinato a crescere esponenzialmente. Si prevede che l'IA possa giocare un ruolo sempre più importante nella gestione dei portafogli, nella valutazione dei rischi e nella conformità normativa. Tuttavia, con queste nuove opportunità sorgono anche nuove sfide, come la protezione dei dati dei clienti e la necessità di una regolamentazione adeguata. Tornando a quanto già evidenziato, appare evidente come governi ed enti regolatori siano destinati ad influenzare in maniera tangibile lo sviluppo del settore finanziario nel futuro, anche più di quanto non lo siano stati in passato.

Abbiamo visto come l'intelligenza artificiale stia trasformando il settore finanziario in modi sorprendenti e come le istituzioni finanziarie che adottano questa tecnologia in modo intelligente e responsabile possano ottenere significativi vantaggi in termini di efficienza, redditività e servizio clienti. Resta tuttavia essenziale, analogamente all'intero movimento Fintech, gestire con attenzione e spirito costruttivo le sfide legate alla sicurezza ed alla regolamentazione per garantire un futuro di successo per l'IA nel settore finanziario.

3.3 Dai sesterzi al Bitcoin

Molte persone, specialmente in Italia, sono strenuamente legate all'uso dei contanti e più di qualcuno sembra spaventato dell'equazione: "pagamenti digitali uguale pagamenti tracciati". Il mondo dei pagamenti ha fatto passi da gigante negli ultimi anni, trasformando radicalmente il modo in cui le persone effettuano trasferimenti di denaro in tutto il mondo. E' divenuto, infatti, uno dei verticali maggiormente strategici e remunerativi dell'intera industria finanziaria. Concentriamoci quindi quello che potrebbe essere il futuro nel settore dei pagamenti, analizzando le tendenze emergenti, le tecnologie innovative e le sfide che ci aspettano.

I pagamenti mobili ed i portafogli digitali hanno già rivoluzionato il modo in cui paghiamo per beni e servizi. L'uso diffuso degli smartphone e la disponibilità di app di pagamento come Apple Pay, Google Pay e Samsung Pay hanno reso i pagamenti senza contanti più convenienti che mai. In alcuni mercati, Cina in primis, lo sviluppo di super App capaci di coniugare diversi servizi a quelli di pagamento, ha rafforzato ulteriormente il settore raggiungendo percentuali di penetrazione straordinarie: basti pensare che la sola WeChat ha al momento oltre 1,2 miliardi di utenti. L'esempio di WeChat è però emblematico anche in riferimento a quanto accennato rispetto alle criticità del settore. Gli utenti di questa piattaforma vengono infatti attentamente monitorati ed ogni loro attività tracciata e condivisa con il governo cinese. Sarebbe pleonastico ricordare come Pechino non brilli certo per la tutela del diritto di espressione del pensiero critico, tant'è che nella propria attività di messaggistica, WeChat censura argomenti politicamente sensibili. Lapalissiano, ma troppo spesso dimenticato, è che la critica verso eccessi di controllo e attività di repressione andrebbe mossa ai singoli governi autocratici e non alla tecnologia di pagamento. Questa infatti, se usata per finalità utili alla collettività, può invece supportare la lotta all'evasione fiscale, al riciclaggio di denaro, al finanziamento al terrostismo ed contrastare altre attività illecite.

Indipendentemente da singole possibili derive locali, il futuro vedrà ulteriori sviluppi nell'integrazione tra pagamenti ed altri servizi (sia finanziari che non-finanziari), con un aumento della personalizzazione delle offerte e la sinergia tra diverse tecnologie. Un approccio quest'ultimo (noto anche come embedded finance) che costituisce un'evoluzione del concetto di Fintech, poiché vede più soggetti specializzati collaborare nella creazione di soluzioni particolarmente user friendly.

All'interno del macro settore della movimentazione di denaro, le criptovalute come Bitcoin ed Ethereum hanno catturato l'attenzione del mondo finanziario e stanno guadagnando gradualmente l'adozione mainstream. Il futuro potrebbe vedere una maggiore accettazione delle criptovalute come metodo di pagamento legittimo, con l'integrazione di soluzioni blockchain nei sistemi di pagamento esistenti. Questo consentirebbe transazioni più veloci, sicure e trasparenti a livello globale. Proprio quest'ultimo aspetto, ossia la semplificazione dei pagamenti transfrontalieri, rappresenta un'evoluzione estremamente significativa da un punto di vista, tecnico, politico e commerciale. Il superamento dei confini nei pagamenti, consentirà infatti di annullare complessità burocratiche, tempi di attesa e costi impliciti, incentivando così gli scambi e stimolando l'economia globale.

Sul tema della trasparenza delle transazioni effettuate con criptovalute si discute da tempo. Volendoci limitare al solo Bitcoin, la cui dominance (ovvero il peso all'interno dell'intero settore) si muove intorno al 50%, le preoccupazioni circa la sua presunta opacità appaiono infondate. Ogni transazione in BTC infatti, è per sua natura annotata in un registro pubblico, detto ledger. Ciò che non è immediatamente rilevabile sono i dati dei soggetti che hanno effettuato detta transazione. Ottenere questa informazione necessita di un ulteriore passaggio, rendendo una transazione in BTC apparentemente meno trasparente di una in valuta fiat. Nulla però di paragonabile all'assoluto anonimato garantito da banconote e monetame. Il vero ostacolo all'uso del Bitcoin come valuta di pagamento è dato essenzialmente dalla sua instabilità di prezzo. In ottica futura è prevedibile che tali oscillazioni tenderanno ad assottigliarsi significativamente nel lungo periodo, in quanto ad ogni halving si associa implicitamente una sorta di aumento dell'entropia e, conseguentemente, una diminuzione della sua volatilità.

Osserviamo quotidianamente come la tecnologia sia ormai presente in moltissimi aspetti della vita quotidiana: possiamo infatti accendere o spegnere la luce di casa con un comando vocale o sfruttare la connessione ad internet di oggetti di uso comune. L'Internet of things sta crescendo rapidamente, e questa espansione apre nuove opportunità per i pagamenti digitali. Gli oggetti connessi possono infatti effettuare pagamenti in modo autonomo, consentendo, ad esempio, ad un autoveicolo di pagare i pedaggi oppure ai dispositivi domestici intelligenti di effettuare acquisti di rifornimenti. Il futuro vedrà molto probabilmente un'ulteriore integrazione di IoT nei sistemi di pagamento.

Con il costante aumento del numero dei pagamenti digitali, la sicurezza diventa sempre più un tema strategico per la stabilità finanziaria internazionale e l'autenticazione biometrica sta emergendo come soluzione promettente. L'uso di impronte digitali, riconoscimento facciale ed altre caratteristiche biometriche sta diventando sempre più comune per confermare l'identità degli utenti e proteggere le transazioni da frodi. Può apparire banale, ma per secoli abbiamo basato la sicurezza delle transazioni sull'inviolabilità della filigrana delle banconote o sulla riconoscibilità e sulla presunta non riproducibilità della firma autografa. Oggi invece possiamo tutelare le transazioni finanziarie con i più elevati standard tecnologici e l'ecosistema Fintech è in prima linea sia nella definizione di detti standard che nella loro implementazione nelle soluzioni proposte agli utenti.

Anche se, come abbiamo visto, i pagamenti digitali promettono un futuro più comodo ed efficiente, ci sono ancora molte sfide da affrontare. Le preoccupazioni sulla sicurezza dei dati e la privacy rimangono fondamentali -soprattutto in determinate aree geografiche-, e la regolamentazione deve evolversi per affrontare nuove tecnologie e modelli di business. Inoltre, la digitalizzazione dei pagamenti potrebbe comportare l'accesso limitato a servizi finanziari per coloro che non hanno accesso a dispositivi digitali o connettività affidabile.

3.4 Internet, remote e mobile banking

Per quanto ormai appaia scontato, il mobile banking ha rivoluzionato la gestione delle finanze personali, rendendo più accessibile e conveniente il controllo dei conti bancari e la gestione delle transazioni finanziarie. In questo capitolo, faremo luce sul mondo del mobile banking, esaminando le sue origini, le sue funzionalità e l'ampio impatto che ha avuto sulla vita delle persone. Proveremo anche a capire se app e siti di home banking siano o meno ascrivibili alla definizione di Fintech che abbiamo provato a dare all'inizio di questo lavoro. Ci concentreremo anche su cosa significhino realmente termini come banca tradizionale, neo bank o banca Fintech e su quali siano le differenze (qualora ancora ne esistano).

A dispetto di quanto si possa pensare, il concetto di mobile banking, nonostante sia comunque relativamente recente, è antecedente alla nascita dell'internet banking. Già dagli anni '90, infatti, diversi istituti hanno iniziato ad abilitare la clientela all'uso del telefono per ricevere informazioni ed inviare istruzioni dispositive. Tuttavia, è stato solo con la diffusione degli smartphone che il mobile banking ha veramente preso il volo. L'introduzione di app bancarie mobili ha permesso alle persone di accedere ai propri conti in modo semplice ed intuitivo, trasformando il telefono in una vera e propria filiale bancaria virtuale. Va detto che, per quanto da un punto di vista tecnico non vi siano veri ostacoli ad un definitivo trasferimento dell'intera attività bancaria verso siti e app, da una prospettiva commerciale restano ancora forti resistenze. Molti istituti, infatti, basano le proprie attività di retention, augmentation e cross selling su tecniche di vendita diretta, pensate per un periodico incontro " fisico" in filiale. Per questo motivo, molti istituti sono ancora restii ad abbracciare davvero la transizione digitale e spesso gli utenti si trovano a doversi recare in filiale per molte operazioni che -tecnicamente parlando- sarebbero eseguibili senza alcuna limitazione anche da remoto. Qui ritroviamo una effettiva differenza tra neobank ed incumbent: le logiche commerciali delle prime, infatti, prescindono da un rapporto tra personale bancario e clienti, mentre storicamente gli istituti hanno -talvolta fin troppo- delegato queste attività alle filiali. Dati Nomisma evidenziano che nel 2021, complice anche l'emergenza pandemica, un italiano su due ha smesso di recarsi in banca e che il 68% dei correntisti italiani preferisce l'home banking. Resta poi da servire il restante 32% ma l'indicazione prospettica sembra evidente così come, con ogni probabilità, il progressivo indebolimento del confine culturale tra banca tradizionale e Fintech.

Il mobile banking offre una vasta gamma di funzionalità che consentono agli utenti di gestire le proprie finanze in modo efficiente. Le funzionalità più comuni includono servizi di pagamento, di disposizione di trasferimenti o ordini di acquisto e vendita di titoli sui mercati, nonché di notifica, controllo del saldo e delle transazioni ma anche servizi di categorizzazione delle spese con finalità di monitoraggio dei propri flussi. L'evoluzione di questi ultimi prende il nome di PFM o BFM (*personal* o *business financial management*), a seconda dell'utenza interessata. Il loro funzionamento si basa sulla normativa PSD2 e prevede che il cliente conceda all'istituto l'accesso ai propri conti presso altri intermediari. In questo modo l'app bancaria fungerà da aggregatore di conti e fornirà al cliente un resoconto puntuale ed aggiornato, quasi in tempo reale, sui suoi movimenti e giacenze. Al contempo, la banca avrà accesso ad informazioni prima sconosciute. Questi strumenti sono infatti spesso utilizzati quale servizio freemium per acquisire maggiori informazioni sul cliente e sugli eventuali conti detenuti presso altre banche.

Visto il massiccio utilizzo che la maggior parte delle persone fa del proprio smartphone e la possibilità di collegare agevolmente applicazioni e servizi diversi, è lecito aspettarsi ingenti investimenti da parte delle banche nelle proprie applicazioni per dispositivi mobili. A conferma di ciò, alcune neo bank sono oggi de facto gestibili prioritariamente se non unicamente da smartphone ed il loro elevatissimo livello di user experience si fonda proprio sulle app. Oltre ad una usabilità sempre maggiore, si possono prevedere l'integrazione sistematica di tecnologie emergenti come la blockchain e l'uso sempre più diffuso dell'intelligenza artificiale per migliorare l'esperienza degli utenti. Il mobile banking continuerà certamente a trasformare il modo in cui gestiamo le nostre finanze personali, e sarà sempre più un fattore critico di successo per le banche e, più in generale, per i servizi finanziari B2C.

3.5 Giù le mani dal Fintech

Abbiamo iniziato questo lavoro provando a dare una definizione empirica di Fintech che, per quanto opinabile, consenta di discernere tra quello che è definibile Fintech e ciò che non lo è. Potrebbe sembrare una questione *de lana caprina* ma sempre più spesso si usa definire Fintech un progetto, un'impresa o un settore con il solo fine di conferirgli maggior attrattività. Un aspetto, quest'ultimo, che non può non riempire d'orgoglio gli addetti ai lavori ma che, al contempo, distorce la percezione del mercato sul Fintech. Il settore è infatti ancora giovane e le operazioni di "Fintech greenwashing" rischiano di confondere le acque. Un caso emblematico di un'erronea percezione del concetto di Fintech arriva dalla Camera dei Deputati. Il 19 Ottobre 2023, mentre in tutta Europa si discuteva dell'accordo tra Truelayer e Stripe, e della conseguente aggiunta dei servizi Open Banking tra quelli resi disponibili dal colosso californiano dei pagamenti, alla Camera andava in scena un'interrogazione in salsa Fintech. O almeno così sembrava. La materia del contendere era infatti il passaggio obbligato o quantomeno un pò forzato di alcune centinaia di migliaia di clienti di Intesa Sanpaolo alla controllata Isybank. Mentre Governo e Parlamento dibattevano sulla liceità dell'operazione, alcuni quotidiani spiegavano che molti dei correntisti interessati erano contrari al passaggio alla banca Fintech. Insomma, un rivolta del popolo contro il nuovo corso della finanza? La domanda non è tanto sulla correttezza dell'operato della banca quanto sull'appellativo Fintech attribuito ad Isybank.

Isybank è la banca digitale del gruppo Intesa Sanpaolo lanciata nel 2023 e destinata alla clientela più giovane. Il nuovo brand, in diretta concorrenza con le neobank, fonda il rapporto con la clientela su un'app attraverso la quale i correntisti potranno gestire in autonomia le proprie finanze. Si tratta certamente di un'operazione importante per l'istituto di Piazza San Carlo ma possiamo davvero definirla una Fintech? Propone servizi innovativi, concepiti ed implementati per il digitale e capaci di rinnovare il modo in cui i clienti si interfacciano con la propria banca? Forse è prematuro sbilanciarsi, fatto sta che le migrazioni oggetto delle proteste riguardano clienti retail, con giacenze contenute e che si recano raramente in filiale. Restano inoltre esclusi imprenditori e professionisti. Insomma, si potrebbe ipotizzare che i clienti target di Isybank siano quei soggetti a bassa redditività per la banca, per i quali l'istituto non reputi sostenibili i costi di filiale. Ragionamento che non fa una grinza ma che nemmeno rientra nel perimetro Fintech. Per quanto nativamente efficiente, Fintech non significa infatti semplicemente tagliare i costi, né la sua natura digitale corrisponde ad una riduzione dei servizi resi alla clientela. Al contrario, la user experience e la soddisfazione puntuale delle esigenze degli utenti di riferimento sono aspetti strategici per gli operatori Fintech. Il rischio oggi è che si crei una confusione e si spacci per Fintech quello che semplicemente risponde ad esigenze di efficientamento dei processi e riduzione dei costi. Questa errata sussunzione ha ripercussioni potenzialmente rilevanti. Nei primi anni 2000, ai tempi della cosiddetta bolla dot-com, si è assistito ad improvvise impennate in borsa di titoli che semplicemente ricordavano i concetti più in voga, pur magari appartenendo ad altri settori. Confusione e opacità sono sempre nemiche dell'innovazione e del progresso. Dare quindi una chiara definizione agli eventi è abitudine molto utile per comprendere il presente e approcciarsi al futuro. Con questa premessa, possiamo concludere che poter accedere ai pagamenti open banking attraverso una delle più diffuse piattaforme di pagamento a livello globale è rilevante per l'intero ecosistema Fintech (e non solo!). Usare un'app ribrandizzata per accedere ai servizi bancari di sempre, molto meno.

Capitolo 4: Settori emergenti nel Fintech italiano

4.1 Peer-to-peer lending e crowdfunding

L'attività bancaria ha storicamente visto negli impieghi uno dei pilastri della propria redditività. Le banche, infatti, altro non sono che negozi di denaro che, come ogni altra attività commerciale, marginano rivendendo dei beni ad un costo superiore a quello di acquisto. Nel caso delle banche detti beni sono i soldi mentre gli impieghi rappresentano proprio l'attività di rivendita di denaro acquisito mediante i depositi dei correntisti, l'emissione di obbligazioni od il ricorso ad altri prestiti. Di fatto la contabilizzazione dei capitali effettivamente utilizzabili dalle banche per gli impieghi e' un meccanismo complesso che richiederebbe un approfondimento a parte. In questa trattazione ci basti conoscere a grandi linee come le banche si procurano detto denaro ed il loro obbligo, stabilito per legge, oltre che per buon senso, di accumulare delle riserve a mitigazione del rischio connesso all'attivita' creditizia.

La valutazione di merito creditizio di un richiedente non e' che un tassello delle attività di risk management che invece tengono in considerazione una moltitudine di variabili, non sempre strettamente legate alla controparte. Una banca, ad esempio, puo' dover stringere i cordoni della borsa a causa di una riduzione del proprio patrimonio, puo' decidere di ridurre o sospendere temporaneamente gli affidamenti di una determinata forma (ipotecari, chirografari, fidi di cassa, etc) oppure verso una specifica tipologia di richiedenti. Ne consegue che, molto spesso, l'esito di un'istruttoria non e' facilmente prevedibile ed a fronte di situazioni simili, le risposte degli istituti possono divergere diametralmente sulla base di motivazioni terze, spesso sconosciute ai richiedenti. Per quanto attiene le imprese che, per loro natura, sono la categoria che più spesso necessita di ricorrere al credito bancario, e' prassi consolidata la richiesta di garanzie. Si va da pegni o ipoteche su beni aziendali o dell'imprenditore, a forme di sostegno da parte di terzi, come i Confidi o le garanzie emesse da MCC. Poiché le forme di garanzia finanziaria sono limitate negli importi, soggette a valutazioni specifiche e -non meno importante- abbastanza onerose, le garanzie personali sono diventate prassi. Per non parlare di operazioni meno trasparenti come la subordinazione del credito all'investimento forzato di capitali personali dell'imprenditore in titoli -piu' o meno convenienti- emessi dalla banca. Di operazioni baciate, obbligazioni subordinate o convertibili e simili sono state riempite pagine di cronaca negli ultimi anni. Senza addentrarci in queste faccende, e' importante riscontrare come l'ottenimento del capitale necessario al funzionamento, alla crescita ed allo sviluppo aziendale sia un'attivita' complessa e strategica per ogni imprenditore. Ne consegue che ogni evoluzione in questo senso va ad incontrare una vasta platea di potenziali soggetti interessati.

Nel contesto finanziario descritto, non sorprende quindi come il digital lending abbia riscosso successo, ribaltando di fatto il modo in cui le persone e le imprese accedono ai capitali e investono in progetti promettenti. Di seguito, esploreremo i due aspetti chiave del prestito digitale: il peer-to-peer lending (noto anche come P2P lending o crowd lending) e l'equity crowdfunding. Analizzeremo le differenze tra queste tre forme di finanziamento collaborativo ed i loro impatti sul mercato finanziario globale.

Il peer to peer lending, noto anche come prestito partecipativo o lending-based crowdfunding, è una modalità di finanziamento in cui un gruppo di individui o investitori istituzionali presta denaro direttamente ad individui od imprese in cambio di un rendimento finanziario. In sostanza, il crowdlending elimina l'intermediario, tipicamente una banca, che facilita il processo di prestito. In assenza di un intermediario tradizionale, richiedenti e prestatori possono rivolgersi ad una piattaforma specializzata dove domanda ed offerta s'incontrano e possono quindi avviare vere e proprie operazioni di investimento e finanziamento. I prestiti possono essere personali, aziendali o di altra natura. Gli investitori possono scegliere i progetti o i prestiti a cui desiderano contribuire, ed in cambio ricevono, oltre al capitale investito, interessi sul loro investimento. Di fatto la partecipazione a progetti di crowdfunding -sia lending che equity- costituisce una nuova asset class per gli investitori, che accresce significativamente la diversificazione del loro portafoglio.

Le piattaforme di crowdlending valutano il rischio delle operazioni proposte ai propri utenti in maniera non totalmente dissimile a quanto storicamente fatto dalle banche, ovvero assegnando una valutazione di merito creditizio ai richiedenti. Questa valutazione altro non e' che punteggio assegnato alla capacita' di un soggetto di rimborsare il proprio debito. Ovviamente i criteri utilizzati per detta valutazione sono molteplici e variano significativamente da una piattaforma ad un'altra. Semplificando, possiamo affermare che la valutazione delle richieste dei privati segue una logica analoga a quella di banche e finanziarie. Si valutano le entrate e gli impegni finanziari preesistenti, nonche' le spese che un soggetto si trovera' plausibilmente a sostenere, sulla base di indicatori statistici, analisi sulle movimentazioni del richiedente e sue caratteristiche socio demografiche. L'importo rimanente diviene la somma che il soggetto e' in grado di rimborsare ai prestatori. Ovviamente, oltre a valutare quanto il soggetto potra' pagare mensilmente, vengono valutate la solidita' delle entrate, la tipologia di spese effettuate, il tipo di spesa per cui si richiede il prestito ed altri parametri al fine di definire sia l'ordine di grandezza del prestito sia la sua rischiosita'. Questo punteggio diverrà poi una guida utile agli investitori per prendere decisioni di investimento consapevoli ed una base per determinare il tasso di interesse congruo per l'operazione. Per quanto riguarda la valutazione dei finanziamenti alle imprese, la complessita' sale significativamente. In questo caso, infatti, oltre a valutare bilanci, estratti conto (spesso ottenuti attraverso i servizi di aggregazione di conti correnti normati dalla PSD2) e banche dati, il risk manager dovra' valutare l'impatto prospettico che il progetto da finanziare potra' avere sui conti dell'impresa. In altre parole, se per un privato l'acquisto di una vettura non costituisce una nuova fonte di ricavi, per un'impresa l'acquisto di un macchinario avra' ricadute sui flussi di cassa futuri. Di conseguenza, gli scoring possono variare significativamente da piattaforma a piattaforma. La capacità di valutare correttamente i rischi di un finanziamento, prezzandolo coerentemente, risulta quindi un fattore critico di successo per i player di questo mercato. Se la normativa di settore ha consentito la nascita delle prime piattaforme europee di p2p lending dalla meta' degli anni '10 in avanti, piu' recentemente molte di esse hanno iniziato ad offrire i propri servizi di valutazione di merito creditizio in white label a banche ed altri operatori. Questo e' al contempo un esempio di collaborazione tra imprese Fintech ed incumbent, di embedded finance e di differenziazione del proprio business, dove l'attivita' core diventa la base per la raccolta di informazioni statistiche necessarie allo sviluppo dell'attività secondaria.

Abbiamo visto che gli investimenti partecipativi possono attuarsi sia attraverso prestiti (lending crowdfunding) che attraverso l'investimento in quote di capitale di un'azienda. E' il caso dell'equity crowdfunding, dove le imprese richiedenti -tipicamente start up dall'alto contenuto tecnologico o innovativo- raccolgono nuovo capitale accogliendo nella compagine sociale nuovi investitori. Le piattaforme di equity crowdfunding consentono infatti alle piccole imprese di raccogliere fondi da una vasta gamma di investitori, ciascuno dei quali investe una somma relativamente piccola in cambio di azioni o quote di proprietà. Analogamente al settore del digital lending, l'equity crowdfunding consente alle micro e piccole imprese un accesso diretto ai mercati dei capitali che normalmente sono prerogativa di grandi realtà capaci di emettere obbligazioni o quotarsi in borsa.

In una prima fase, le aziende determinano il numero di azioni o quote di proprietà che intendono offrire e fissano un obiettivo di finanziamento. Gli investitori partecipano all'offerta acquistando azioni o quote tramite la piattaforma. Appare evidente come la determinazione del valore della società sia un aspetto fondamentale del processo ed un fattore critico per le piattaforme stesse. Solo a seguito di un'accurata due diligence sara' infatti possibile determinare il valore dell'impresa' e conseguentemente delle quote, dando vita ad una corretta convivenza tra piccole e grandi azionisti della societa'. Analogamente ad un normale investimento in azioni, gli investitori possono ottenere un rendimento quando l'azienda ha successo e decide di distribuire dividendi oppure qualora un terzo proponga di acquisirla in tutto o in parte, oppure quanto essa viene quotata su un mercato regolamentato. Una delle criticità del settore e' la scarsa liquidità delle quote acquisite tramite crowdfunding, ossia l'assenza di un vero e proprio mercato secondario dove sia possibile compravendere titoli acquistati in fase di collocamento. Alcune piattaforme hanno effettivamente messo in atto meccanismi simili -anche nel settore del lending crowdfunding- ma da un punto di vista strategico questo rischia di cannibalizzare la raccolta del mercato primario. Conseguentemente, lo sviluppo di mercati secondari liquidi in questo settore non sembra essere al momento una priorità per le piattaforme.

Tra i possibili sviluppi futuri del settore, si segnala una possibile maggior integrazione dell'IA: l'intelligenza artificiale potrebbe essere utilizzata per migliorare la valutazione del rischio, la selezione dei progetti e la gestione dei portafogli per gli investitori. Potrebbero anche emergere nuovi modelli di business e nuove piattaforme specializzate in settori specifici, come l'energia rinnovabile, la sanità o l'istruzione. Merita un approfondimento ad hoc l'Integrazione dei criteri ambientali, sociali e di governance (ESG) che sta emergendo come una forza trainante per l'innovazione e la sostenibilità dell'intero ecosistema finanziario, Fintech compreso. Risulta quindi utile una breve digressione su come le aziende Fintech italiane stiano adottando l'approccio ESG per affrontare sfide ed opportunità uniche nel panorama finanziario del paese. Negli ultimi anni, le aziende Fintech di tutta Europa hanno riconosciuto l'importanza dell' ESG come parte integrante della loro strategia aziendale. La crescente consapevolezza dell'impatto ambientale e sociale delle attività finanziarie ha spinto molte di queste aziende a ridefinire la loro missione e visione, o quantomeno, ad inserire i criteri ESG tra i criteri di valutazione e selezione dei soggetti da sottoporre agli investitori. L'integrazione dell' ESG, infatti, non è più vista come una semplice responsabilità sociale d'impresa, ma come un requisito strategico per il successo a lungo termine. Va detto che il Fintech, per sua natura, ben si presta ad essere un settore all'avanguardia in termini di consapevolezza del proprio impatto sociale ed ambientale.

Molti operatori, ad esempio, stanno implementando politiche di lavoro a distanza per ridurre i viaggi dei dipendenti e stanno utilizzando servizi di cloud computing a basso impatto ambientale per le loro operazioni. Un approccio relativamente facile per realtà nativamente digitali, composte da personale giovane e tecnologicamente competente. Altri, stanno anche investendo in progetti di energia rinnovabile e promuovendo investimenti sostenibili tramite le loro piattaforme.

Il Fintech italiano intende anche affrontare le sfide sociali del paese grazie all'innovazione, ed uno dei principali obiettivi è l'inclusione finanziaria. Ovvero consentire l'accesso ai servizi finanziari a fasce di popolazione tradizionalmente escluse dal sistema bancario tradizionale. Questo include programmi di microfinanza, piattaforme di pagamento digitali accessibili e strumenti di risparmio automatizzati per le famiglie a basso reddito. Inoltre, anche per le aziende Fintech si pone il problema di come gestire correttamente ed efficacemente la privacy dei dati e la sicurezza delle informazioni dei clienti. La trasparenza e la protezione dei dati sono diventate priorità assolute, con investimenti significativi in tecnologie avanzate per garantire la sicurezza delle transazioni finanziarie. Anche in questo caso, un potenziale fattore critico di successo, oltre che una presa di consapevolezza. Le aziende Fintech che abbracciano l' ESG, infatti, non solo possono migliorare la loro reputazione ed il coinvolgimento dei clienti, ma anche contribuire positivamente alla sostenibilità ed all'inclusione finanziaria del paese. In questo contesto, l'ESG non è solo una tendenza, ma una direzione chiara per il futuro del Fintech italiano.

4.2 Finanziamento del circolante ed invoice trading

Tra le diverse tipologie di credito alle imprese, il finanziamento del circolante assume un ruolo fondamentale poiche' ne supporta la cassa, fornendo -almeno in parte- il capitale necessario affinche' l'impresa possa far fronte alle necessita' quotidiane. Esso si attua mediante l'apertura di un plafond di credito che -a seconda delle caratteristiche- prende il nome di factoring o anticipo fatture. Per quanto, in questa sede, non intendiamo addentrarci in un'analisi dettagliata di tali forme tecniche, appare comunque evidente che l'approccio al credito a breve sia diametralmente opposto rispetto a quello a lungo, per criteri analitici, tempistiche dell'istruttoria, modalita' di erogazione, durata dell'ammortamento e ripetitivita' periodica dell'operazione. Conseguentemente, e' prassi consolidata nel mondo finanziario gestire le due tipologie di affidamenti -a breve e a lungo- tramite team dedicati. Il Fintech, specialista per definizione, non poteva certo comportarsi diversamente e, conseguentemente, sono nati operatori specializzati in questo verticale. L'offerta di questi ultimi si basa sull'uso della tecnologia per gestire l'intero iter. In prima istanza, viene infatti automatizzata l'analisi di merito creditizio che, nel caso specifico, e' necessariamente duplice. Sono valutati infatti sia il cedente -ovvero il cliente che presenta la fattura e ne chiede l'anticipo- che il ceduto, ovvero il soggetto che, pagando la fattura, va di fatto a chiudere l'operazione. Successivamente anche le fasi di erogazione, gestione e rimborso vengono gestite in maniera automatica e digitale.

In Italia si sono sviluppate diverse realta' nel settore, tra le quali possiamo ricordare MyCreditService, Workinvoice, Fifty (poi acquisita dal Credito Fondiario) e l'ormai non piu' operativa Credimi, che inizio' la propria attivita' proprio finanziando a breve. Alcuni di questi player verranno analizzati a parte, è però significativo notare come questo ambito del Fintech abbia conosciuto una significativa crescita nel nostro Paese. Ciò non stupisce, poiché è l'intero settore del finanziamento del circolante delle imprese a muovere numeri importanti. Secondo il Global Alternative Finance Market Benchmarking report dell'Universita' di Cambridge, infatti, l'Italia da sola rappresenta circa il 40% dell'intero mercato europeo dell'invoice trading. Un trend che sembra destinato a continuare anche se rappresenta di fatto una vittoria di Pirro per il Paese. Infatti, si è particolarmente dipendenti dall' invoice trading in presenza di tempi di pagamento particolarmente lunghi (che, come si dice in gergo, appesantiscono il capitale circolante dell'impresa) o in caso di una non ottimale pianificazione dei flussi di cassa. Situazioni non rare in un contesto economico costituito da micro e piccole

imprese, spesso poco inclini -o impossibilitate per limiti dimensionali-
ad assumere un CFO e caratterizzate da tempi medi di pagamento per
le fatture B2B che, secondo l'Osservatorio sulla Supply Chain del
Politecnico di Milano si attestano ad 83 giorni.

4.3 Il dynamic discounting

Il Dynamic Discounting rappresenta un innovativo approccio al credito
che ha fatto recentemente il suo ingresso nel panorama aziendale
italiano, rivoluzionando il modo in cui le imprese gestiscono le proprie
finanze e le relazioni con i fornitori. Di fatto, si tratta di un metodo di
pagamento flessibile ed altamente personalizzabile che consente alle
aziende di ottenere sconti sulle fatture dei fornitori in cambio di un
pagamento anticipato. In altre parole, le imprese possono pagare le
loro fatture prima della scadenza, ottenendo uno sconto, spesso
espresso come un tasso di interesse annuo od un importo fisso,
sull'importo totale della fattura. Questo processo offre vantaggi
significativi sia alle aziende acquirenti che ai fornitori. Il dynamic
discounting è infatti una strategia finanziaria che consente alle aziende
di ottenere uno sconto sugli importi dovuti ai fornitori in cambio di un
pagamento anticipato. Questo metodo di ottimizzazione del capitale
circolante è particolarmente efficace quando le imprese desiderano
gestire meglio il proprio flusso di cassa e ridurre i costi finanziari

associati al debito. In sintesi, il dynamic discounting permette alle aziende di risparmiare denaro, migliorare le relazioni con i fornitori e rafforzare la propria posizione finanziaria.

Il processo del dynamic discounting è relativamente semplice. Inizialmente, l'azienda stipula un accordo con i propri fornitori che consente di pagare le fatture in anticipo in cambio di uno sconto. Questo sconto è generalmente calcolato in base ai giorni che intercorrono tra la data di emissione della fattura e la data effettiva di pagamento. Ad esempio, se un fornitore offre uno sconto del 2% per i pagamenti effettuati entro 10 giorni, l'azienda può beneficiare di tale sconto se decide di pagare la fattura entro il periodo stabilito.

Un elemento chiave del dynamic discounting è l'automazione del processo. Nel settore Fintech italiano, le piattaforme online hanno reso estremamente semplice la gestione di questo tipo di accordi. Le aziende possono collegare il proprio sistema di contabilità alle piattaforme Fintech, che monitorano costantemente le fatture in scadenza e calcolano gli sconti disponibili. In questo modo, le aziende possono prendere decisioni finanziarie consapevoli in tempo reale. I modelli tipici di Dynamic Discounting si appoggiano ad una piattaforma che collega le aziende con i loro fornitori. Proprio la presenza di una piattaforma tecnologica quale elemento essenziale per l' origination e la gestione del servizio, nonché come asset strategico e distintivo del settore, rende questo verticale parte integrante dell'ecosistema Fintech.

4.4 Insurtech: l'innovazione nelle assicurazioni

Analogamente alla crasi con la quale si è coniato il termine Fintech, l'insurtech è una fusione delle parole "assicurazione" e "tecnologia," ed ha come obiettivo un rinnovamento del settore assicurativo in tutto il mondo, compreso il mercato italiano. Questo capitolo intende approfondire il ruolo e l'impatto dell'insurtech nel contesto assicurativo italiano, analizzando le sfide e le opportunità che si presentano per le compagnie di assicurazione, i consumatori e le start-up del settore tecnologico.

L'Insurtech ha certamente trovato terreno fertile in Italia, affacciandosi come una forza innovativa nel settore assicurativo tradizionale nonostante diverse compagnie assicurative italiane stiano abbracciando le nuove tecnologie per rimanere competitive e soddisfare le esigenze dei clienti moderni. Le compagnie assicurative italiane stanno infatti investendo in soluzioni digitali per semplificare il processo di sottoscrizione, migliorare l'esperienza del cliente e ridurre i costi operativi. Queste soluzioni includono l'automazione dei processi, l'uso di dati ed analisi avanzate per valutare il rischio e la creazione di applicazioni mobili per i clienti. Come per il Fintech in senso lato, anche per l'insurtech è opportuno chiedersi se sia possibile dare una definizione netta del settore e distinguere tra ciò che è insurtech e ciò che non lo è. Possiamo confermare anche per l'insurtech che il settore è nato fondando sulla tecnologia sia l'intera user experience che tutti i servizi di middle e back office. Analogamente alle banche anche le imprese assicurative storiche stanno investendo nell'aggiornamento di servizi e processi esistenti.

Mentre caratteristica emblematica del Fintech è la specializzazione in un determinato verticale (anche e soprattutto per esigenze normative), l'insurtech tende a basarsi sulla collaborazione con assicuratori esistenti, rivoluzionando l'approccio al cliente, i canali distributivi e la comunicazione. Resta ampio il catalogo prodotti, per quanto tendenzialmente orientato al ramo danni.

Le citate partnership tra insurtech e assicuratori sono di fatto basate su di una reciproca esigenza: molte compagnie assicurative italiane stanno infatti collaborando con start-up insurtech per sfruttarne l'innovazione tecnologica. Queste partnership consentono alle compagnie di assicurazione di accedere a nuove tecnologie e capacità, migliorando così la loro offerta di prodotti e servizi. Al contempo, come accennato, per le insurtech è fondamentale poter rivendere prodotti emessi da compagnie affermate che dispongono di know how specifico e, ancor più importante, di dimensioni critiche tali da poter gestire le complessità e gli impatti finanziari propri della gestione assicurativa.

Per comprendere meglio il panorama dell' insurtech in Italia, ci vengono in aiuto alcune delle principali tendenze e aree di sviluppo.

Le compagnie assicurative in Italia stanno sfruttando l'intelligenza artificiale (IA) e l'analisi dei dati per migliorare la valutazione del rischio, prevenire frodi e personalizzare le offerte ai clienti. L'IA può analizzare grandi quantità di dati in tempo reale, consentendo alle compagnie di adattarsi rapidamente alle nuove sfide e opportunità del mercato.

In materia di telematica e sicurezza stradale, il mercato italiano è un leader nell'uso di dispositivi telematici nei veicoli per monitorare il comportamento di guida degli assicurati. Questi dispositivi registrano dati come la velocità, le abitudini di frenata e l'uso del telefono durante la guida. Le compagnie assicurative utilizzano questi dati per offrire tariffe personalizzate ed incoraggiare una guida più sicura.

Proprio grazie ad operatori insurtech, le polizze assicurative "pay-as-you-go" o "on-demand" stanno diventando sempre più popolari in Italia. Queste polizze consentono ai clienti di pagare solo per la copertura di cui hanno bisogno, ad esempio quando utilizzano un'auto o affittano una casa per un breve periodo.

Nonostante il progresso nell'ambito dell'insurtech in Italia, ci sono alcune sfide da affrontare: in primo luogo la regolamentazione che, nel settore assicurativo, può essere complessa e varia da paese a paese. Per evitare di rimanere confinate nel proprio paese, le insurtech devono quindi affrontare questioni normative per garantire la piena conformità alle leggi italiane ed europee e poter scalare a livello internazionale. Per quanto non direttamente connesso all'industria assicurativa, questo verticale deve porre particolare attenzione ad una rigorosa gestione delle informazioni sensibili della clientela. Aspetto quest'ultimo, che rappresenta sia una complessita' da gestire che un'opportunita' di partnership. Una tecnologia capace di custodire in maniera sicura ed allineata alle normative i dati della clientela puo' risultare di estremo interesse anche per le compagnie storiche alle prese con un processo di digitalizzazione non sempre di facile attuazione.

4.5 Wealthtech: gestione patrimoniale ed investimenti

Storicamente, il wealth management ha sempre avuto caratteristiche diametralmente opposte alle peculiarità del settore Fintech. Una decisa personalizzazione dell'offerta, contro la standardizzazione sistematica di prodotti e servizi, una relazione con il cliente basata sulla fidelizzazione con un singolo consulente ed un rapporto vis a vis, contro un'applicazione mobile, un sito web o un servizio clienti capaci di soddisfare le richieste della clientela con un servizio 24/7. Insomma, un approccio esclusivo e personalizzato contro un atteggiamento inclusivo e quindi generale, rivolto a tutti. Al di là di queste differenze, il settore della gestione patrimoniale in Italia sta vivendo una profonda trasformazione grazie all'ascesa del wealthtech. Ancora una volta una combinazione di parole: "wealth" (patrimonio) e "technology" (tecnologia). In questo capitolo, si vuole osservare il panorama del wealthtech in Italia, analizzando le tendenze emergenti, le sfide e le opportunità che sta portando al mercato finanziario italiano.

Non e' semplice definire come la tecnologia possa impattare in un settore complesso e fortemente conservatore come quello della consulenza finanziaria e della gestione patrimoniale, sia a causa della forza commerciale degli incumbent sia per il fatto che, proprio negli ultimi anni, il settore e' stato oggetto di significative modifiche normative. Il wealthtech, soprattutto in Italia, ha assunto quindi diverse sfaccettature, in base all'approccio B2B o B2C, al target di utenza ed al canale distributivo scelto.

Sin dagli albori del comparto, lo storico player italo-britannico MoneyFarm ha avuto il merito di introdurre un'alternativa alle gestioni patrimoniali aperta non solo agli innovatori ma anche ad un importante numero di investitori. Va ricordato che molti risparmiatori erano precedentemente esclusi da questa tipologia di servizi poiche' non raggiungevano il patrimonio minimo necessario, che storicamente e' sempre stato particolarmente elevato. La razionalizzazione dei costi ottenuta grazie alla standardizzazione del servizio ed alla conseguente apertura ad una percentuale molto piu' larga di clienti, ha consentito investimenti molto diversificati e sistematicamente monitorati anche per importi di poche migliaia di Euro. Inoltre, MoneyFarm ha introdotto gestioni patrimoniali basate su ETF anziché su fondi comuni di investimento. Non entreremo in questa sede nell'eterno dibattito tra gestione attiva e passiva ma va sottolineato che gli ETF presentano generalmente costi assai più contenuti rispetto agli strumenti attivi, con un ulteriore impatto positivo sui costi sopportati degli investitori.

Tecnologia applicata fin dalla concezione all'intera filiera, innovazione di prodotto, distribuzione e comunicazione, nuova definizione dei clienti target. Senza dubbio questo verticale rientra appieno nella nostra definizione iniziale di Fintech. Il settore e' pero' piu' complesso di così. In un paese dove buona parte della ricchezza è detenuta da persone non più giovanissime, e' infatti ingenuo pensare che gli investitori in massa si sarebbero convertiti ad app e siti web. La ventata di novità portata dai nuovi player ha infatti interessato più nuove fasce di clientela che gli storici clienti affluent e private. Nonostante questi ultimi siano rimasti sostanzialmente fedeli al vecchio modello distributivo, banche e reti hanno sentito l'esigenza di svecchiare i processi e migliorarne l'efficienza sia in termini di performance che di costo. Ai Roboadvisor B2C, si affiancano quindi i Robo-for-advisor nel verticale B2B. Questi ultimi sono, di fatto un'evoluzione dei Roboadvisor, capaci di analizzare ingenti moli di dati e, anche grazie all'ausilio dell'Intelligenza Artificiale, redigere reportistica ed elaborare portafogli personalizzati che i consulenti in carne ed ossa andranno poi ad utilizzare con la propria clientela.

Appare evidente come i Roboadvisor e, soprattutto, i Robo-for-advisor possano giocare un ruolo cruciale nella collaborazione tra asset manager, distributori ed il mondo Fintech. La tecnologia consente infatti di poter inserire filtri di maggior efficacia e proporre agli investitori strumenti di finanza complementare come quote di operazioni di digital lending o equity crowdfunding, strumenti certificati ESG, eccetera. Questo con una ricaduta positiva specialmente in termini di maggior diversificazione dei portafogli di investimento degli utenti finali. Il tutto, ovviamente in conformita' alle leggi finanziarie italiane ed europee in materia.

Le società di wealthtech possono stabilire partnership con banche ed altre istituzioni finanziarie per accedere a una base di clienti più ampia e offrire servizi di gestione patrimoniale ai loro clienti esistenti.

4.6 ESG, mito o realtà?

A conclusione di questo capitolo, fortemente incentrato su alcuni modelli di lending innovativo, è opportuna una breve digressione su un argomento che, pur non rientrando propriamente nel perimetro di Fintech, interessa già da qualche tempo l'intero mondo finanziario, ivi compreso quello più innovativo. Come abbiamo avuto più volte modo di osservare, la finanza globale è in continua evoluzione ed uno dei paradigmi emergenti (che sta guadagnando sempre più importanza) è l'approccio ESG. Si tratta di un acronimo inglese: Environmental, Social and Governance, dove Environmental (Ambiente) si riferisce alle pratiche ambientali di un'azienda, Social all'impatto del business sulle comunità e i lavoratori, mentre Governance alle pratiche di gestione ed alla trasparenza aziendale. Per semplificare, potremmo riassumere ESG con la parola italiana sostenibilità. Poiché la sostenibilità è tanto una delle principali -e giuste- preoccupazioni del mondo d'oggi quanto un concetto abusato ed adattato forzatamente a prassi non sempre con essa coerenti, è fondamentale cercare di capire come l'ESG stia influenzando sia il mondo della finanza in generale che la branca del Fintech. Inoltre è altrettanto importante definire se la focalizzazione sull'ESG sia un'effettiva presa di coscienza o un semplice greenwashing utile a raccogliere consensi ed evitare critiche.

Da qualche anno ormai, l'ESG è diventato un elemento centrale nelle decisioni di investimento sia di soggetti istituzionali che dei piccoli e grandi risparmiatori, interessati ad andare ben oltre il semplice rendimento finanziario di un'operazione. Gli investitori sono infatti particolarmente propensi a considerare attentamente i fattori ambientali, sociali e di governance nelle loro valutazioni, riconoscendo che il successo a lungo termine di un'azienda è strettamente legato alla sua capacità di operare in modo sostenibile.

Negli ultimi anni, le istituzioni finanziarie tradizionali hanno integrato i principi ESG nelle proprie strategie di investimento. Fondi etici e sostenibili stanno diventando sempre più popolari, riflettendo una crescente consapevolezza degli investitori sulla necessità di allineare i propri valori con le decisioni finanziarie. Le aziende che si distinguono per le loro pratiche sostenibili sono spesso capaci di attirare più investimenti, poiché gli investitori cercano di mitigare il rischio legato a questioni ambientali e sociali.

Il settore Fintech non è rimasto passivo di fronte al crescente interesse per l'ESG. Al contrario, molte start-up Fintech stanno emergendo come leader nel promuovere pratiche commerciali sostenibili. Ad esempio, due digital lender del calibro di October e Crescitalia hanno da tempo implementato policy finalizzate ad adeguare ai principi di sostenibilità sia la gestione delle attività interne che i criteri di valutazione creditizia, dando così vita a dei portafogli di investimento in finanziamenti alle PMI pienamente adesi ai principi ESG. Anche alcune tecnologie emergenti, come l'intelligenza artificiale e la blockchain, stanno contribuendo a rendere più trasparenti le transazioni finanziarie, supportando così gli sforzi per migliorare la governance. Nella pratica, la tecnologia si sta dimostrando cruciale per affrontare le sfide legate all'armonizzazione tra esigenze di business e la salvaguardia dell'ambiente e dei principi etico-sociali. Applicazioni e piattaforme tecnologiche stanno facilitando l'accesso a servizi finanziari sostenibili, incoraggiando gli utenti a fare scelte più consapevoli. Le soluzioni di pagamento digitali, ad esempio, stanno contribuendo a ridurre l'uso di denaro contante, spesso associato ad impatti ambientali negativi od a comportamenti poco virtuosi quando non apertamente illegali. L'approccio ESG del mondo Fintech insomma non si limita a migliorare solo gli aspetti ambientali, ma deve anche affrontare sfide sociali. Democratizzare i servizi finanziari e semplificare l'accesso alle categorie un tempo escluse da questo mondo, è una questione cruciale che molte start-up Fintech stanno cercando di risolvere, offrendo servizi finanziari a persone che altrimenti avrebbero difficoltà ad accedervi. Le soluzioni di microfinanza digitale, ad esempio, sono ormai strumenti concreti per migliorare l'inclusione finanziaria. Si pensi ai wallet digitali ad uso di intere popolazioni non bancarizzate, all'adozione di criptovalute per le transazioni in paesi ad altissima inflazione, alla riduzione dei costi di strumenti un tempo elitari come le gestioni patrimoniali o anche all'investimento diretto in operazioni di equity o debt crowdfunding.

La tecnologia sta anche plasmando la governance aziendale. Le blockchain, con la loro capacità di creare registri distribuiti ed immutabili, offrono un nuovo livello di trasparenza e tracciabilità nelle decisioni aziendali. Questo non solo aiuta a rafforzare la fiducia degli investitori, ma promuove anche pratiche di governance più solide, trasparenti e responsabili.

Capitolo 5: Fintech e banca tradizionale, collaborazione o conflitto?

Nell'attuale rapida evoluzione del mondo finanziario, l'ascesa delle Fintech sta sovvertendo gli equilibri consolidati degli incumbent. Mentre le Fintech continuano a guadagnare terreno, nascono domande cruciali sulla natura delle relazioni tra le nuove imprese tecnologiche e le istituzioni finanziarie tradizionali. Questo capitolo esaminerà il rapporto tra Fintech e settore finanziario tradizionale, esplorando le sfide, le opportunità e le implicazioni per il futuro.

Abbiamo visto che le Fintech rappresentano un'onda di cambiamento nel panorama finanziario globale, offrendo una vasta gamma di servizi: pagamenti digitali, prestiti peer-to-peer, gestione patrimoniale automatizzata e molto altro. Il loro obiettivo è spesso quello di rendere i servizi finanziari più accessibili, convenienti ed efficienti per il pubblico. In altre parole, le imprese Fintech intendono creare nuove nicchie, aprire le porte a nuova clientela ma anche erodere quote di mercato agli operatori tradizionali. Il progresso tecnologico sta comportando quindi una sfida diretta per le istituzioni finanziarie tradizionali, come le banche, le compagnie di assicurazione e le società di gestione patrimoniale. Queste istituzioni, che hanno dominato il settore per decenni, ora devono confrontarsi con una nuova generazione di concorrenti digitali agili e innovativi.

Le Fintech hanno guadagnato notevole popolarità grazie alla loro capacità di adattarsi rapidamente alle esigenze dei clienti e di sfruttare la tecnologia per migliorare i servizi finanziari. Operatori come PayPal, Square e TransferWise (ora Wise) hanno semplificato i pagamenti online ed internazionali, rendendo più conveniente e meno costoso inviare denaro in tutto il mondo. Piattaforme come October, Workinvoice, Prestiamoci o Opstart consentono agli individui di prestare denaro l'uno all'altro o di finanziare progetti in modo collaborativo, bypassando le banche tradizionali. Le citate piattaforme di gestione patrimoniale automatizzata, come Euclidea o Wealthype, utilizzano algoritmi per creare e gestire portafogli di investimento personalizzati per gli investitori, riducendo i costi e migliorando l'accessibilità alla gestione del patrimonio. La tecnologia blockchain, alla base delle criptovalute come Bitcoin ed Ethereum, sta rivoluzionando la finanza, introducendo concetti come le transazioni sicure e la decentralizzazione delle registrazioni finanziarie. Le insurtech stanno semplificando l'acquisto di polizze assicurative online, introducendo valutazioni personalizzate del rischio e rendendo più accessibile l'assicurazione.

La descritta ascesa delle Fintech ha posto le banche tradizionali di fronte a una scelta: resistere alla concorrenza o cercare modi per collaborare con le nuove imprese tecnologiche. Mentre alcune banche hanno adottato una mentalità di resistenza, altre hanno abbracciato la collaborazione, riconoscendo le opportunità di innovazione e sinergia.

Alcune banche tradizionali hanno cercato di competere con le Fintech attraverso lo sviluppo dei propri servizi digitali e la creazione di divisioni interne dedicate all'innovazione. Tuttavia, queste iniziative possono essere limitate dalla cultura aziendale esistente e dalla lentezza nell'adottare il cambiamento.

Al contrario, molte banche hanno cercato attivamente di collaborare con le Fintech attraverso partnership strategiche, investimenti od acquisizioni. Queste collaborazioni offrono una serie di vantaggi, incluso l'accesso a nuove tecnologie, l'accelerazione dell'innovazione e l'ampliamento delle offerte di prodotti.

Torniamo quindi alla domanda iniziale: qual e' la vera natura del rapporto tra Fintech e banca tradizionale: collaborazione o conflitto? E soprattutto, cosa avverra' in futuro? Probabilmente non esiste una risposta corretta a quello che e' uno dei principali interrogativi nel mondo finanziario contemporaneo. Non si tratta peraltro di una domanda retorica o puramente teorica, ma assolutamente pratica e strategica tanto per le start up quanto per gli incumbent. Ad una prima occhiata, parrebbe quasi logico supporre che Fintech e banca tradizionale siano due approcci diversi, talora opposti, per fare la stessa cosa. Citando una massima ormai forse abusata di Bill Gates -banking is necessary, banks are not- sostenere l'ipotesi della netta contrapposizione significa immaginare un mondo dove un nuovo modo di fare banca sostituisce in toto i dinosauri in doppio petto.
Al contempo, pero', mentre le banche -anche grazie al rialzo dei tassi che storicamente giova significativamente ai loro bilanci- macinano utili (tanto che si discute di tassare ulteriormente i loro profitti proprio perche' tanto lauti quanto impopolari), la maggior parte delle Fintech

vive in perenne perdita. La lotta sembra quindi impari.

Se invece volessimo valutare le performance dei gruppi bancari in un'ottica temporale piu' ampia (diluendo quindi il salvifico contributo delle recenti politiche monetarie), non potremmo non notare una debolezza strutturale, scarsa innovazione di prodotto e costi sproporzionati rispetto alla redditivita' media del settore. In quest'ottica il Fintech avrebbe un vantaggio competitivo tale da poter veramente ambire a disfarsi in pochi anni degli operatori storici.

La realta', forse, e' che entrambe le categorie presentano punti di forza e di debolezza, sostanzialmente complementari tra loro e che la vera concorrenza per le banche non sono le Fintech. Ma andiamo con ordine.

Ad oggi assistiamo a diversi esempi di collaborazione, intesa come l'utilizzazione da parte delle banche di soluzioni derivanti dal mondo Fintech. Abbiamo gia' citato quanto modelli di valutazione di merito creditizio sviluppati nel digital lending vengano utilizzati da istituti tradizionali o di come i Robo4advisor siano di supporto alle reti distributive tradizionali. Si tratta di modelli di sicuro avvenire che pero' non consentono ad alcuno di poter utilizzare in totale esclusiva un modello e, anzi, incorporano il rischio di dover condividere con terzi -al contempo potenziali competitor e fornitori di servizi ad ulteriori concorrenti- informazioni industriali sensibili. Le partnership commerciali sono quindi la via piu' semplice ed immediata ma in molti casi sono solo parzialmente percorribili.

Un'altra possibile forma di collaborazione tra banche e Fintech e' l'acquisizione di queste ultime da parte dei ben più grossi e liquidi gruppi bancari. Le sinergie sarebbero maggiori, poiché la banca potrebbe integrare in esclusìva tutti i prodotti e servizi della Fintech senza il rischio di una fuga di dati. Ovviamente, pero', il processo sarebbe ben piu' lungo e -almeno inizialmente- ben piu' costoso. Inoltre, sono da valutare la gestione dei dipendenti, possibili sovrapposizioni nonché frizioni tra processi e culture aziendali diverse.

In sintesi, la collaborazione tra Fintech e banche può portare ad una serie di vantaggi per entrambe le parti e, soprattutto, per gli utenti finali. La combinazione di competenze tecniche delle Fintech con l'esperienza e la stabilità delle banche tradizionali può portare a soluzioni finanziarie innovative e all'avanguardia. Inoltre le Fintech spesso si distinguono per l'esperienza utente intuitiva e la facilità di utilizzo delle loro piattaforme. Le banche tradizionali possono beneficiare di queste competenze per migliorare l'esperienza dei loro clienti. Da un punto di vista commerciale, le banche tradizionali possono fornire alle Fintech accesso ai mercati consolidati ed a una vasta base di clienti. D'altra parte, le Fintech possono aiutare le banche a raggiungere nuovi segmenti di clientela, compresi i millennial ed i nativi digitali. In linea generale, la collaborazione può aiutare le banche a ridurre i costi operativi, ad adottare modelli di business più efficienti grazie all'automazione ed all'ottimizzazione dei processi che sono spesso il punto forte delle Fintech. Queste ultime possono inoltre contribuire a migliorare la gestione del rischio attraverso l'analisi avanzata dei dati e l'identificazione tempestiva delle tendenze di mercato.

Al contempo, però, si pongono sfide significative, partendo dalle già citate differenze culturali. Le Fintech spesso sostengono una cultura aziendale agile, incentrata sull'innovazione, mentre le banche tradizionali possono essere più conservative e gerarchiche. Non si tratta solo di vestire in maglietta, avere spillatori di birra o calcio balilla in ufficio, il vero tema e' l'approccio fortemente gerarchico tipico delle banche. Non e' raro, nelle banche tradizionali, sentire addirittura riferimenti alla gerarchia militare. Le Fintech, invece, sono spesso costituite da personale che ha lasciato proprio l'impiego nella finanza tradizionale per abbracciare uno stile di vita piu' rilassato ed un contesto lavorativo meno gerarchizzato. Se HR piange, legal e compliance non ridono di certo: il settore finanziario è infatti rigidamente regolamentato, e tanto le Fintech quanto le banche devono navigare in un intricato labirinto di normative. La collaborazione richiede quindi una gestione attenta della conformità normativa. Inoltre, come in ogni fusione bancaria, la collaborazione tra Fintech e banche implica la condivisione di dati sensibili dei clienti, sollevando preoccupazioni sulla sicurezza e la privacy dei dati. In ultima istanza va ricordato che, in alcuni casi, la collaborazione puo' portare ad una concorrenza interna o addirittura ad una cannibalizzazione delle offerte esistenti.

In questo contesto, va considerato un terzo incomodo che, per capacità finanziarie, competenze tecniche e mindset potrebbe risultare estremamente avvantaggiato nella corsa al Fintech. Le grandi realta' del tech, nonostante le recenti difficilta', hanno gia' sviluppato soluzioni finanziarie interessanti. Apple e' un esempio eclatante: alla consolidata ApplePay, si sono recentemente aggiunti servizi come una carta di pagamento brandizzata ed un conto deposito. Altri player, Google su tutti, non restano certo a guardare e stanno investendo sul comparto finanziario come mai prima d'ora. Non e' questa la sede per discutere le caratteristiche specifiche di questi prodotti, ma per evidenziare come le Big Tech siano pronte ed apparentemente agguerrite nel competere in questo settore.

Non abbiamo risposto alla domanda iniziale ma abbiamo compreso come la relazione tra Fintech e banche sia complessa ed in costante evoluzione. Mentre alcune istituzioni finanziarie tradizionali continuano a resistere all'onda dell'innovazione tecnologica, molte stanno riconoscendo le opportunità di collaborazione per rimanere competitive e soddisfare le esigenze dei clienti moderni.

Il futuro vedrà probabilmente una maggiore integrazione tra Fintech e banche, con l'obiettivo di creare un ecosistema finanziario più flessibile e reattivo. La chiave del successo sarà una gestione attenta delle sfide normative, culturali e tecnologiche, unita a una ferma enfasi sulla sicurezza dei dati e sulla protezione della privacy dei clienti.

In definitiva, Fintech e banche possono non solo coesistere ma anche prosperare insieme, apportando valore aggiunto ai clienti ed alimentando l'innovazione nel settore finanziario. La chiave è trovare il giusto equilibrio tra competizione e collaborazione, sfruttando al massimo il potenziale delle tecnologie per migliorare la vita finanziaria di tutti. Senza mai dimenticare che le Big Tech possono in ogni momento rivoluzionare l'offerta basandosi sulle proprie competenze, sulla loro dimensione internazionale nonche' su capacita' economiche sbalorditive.

5.1 Il Ruolo delle banche nell'ecosistema Fintech

Abbiamo analizzato quale rapporto si sia creato e sia ragionevole aspettarsi nel prossimo futuro tra ceto bancario e mondo Fintech. Abbiamo altresì ipotizzato che una possibile alleanza tra queste realtà possa vedere nelle Big Tech un temibile concorrente. Al contempo, però, anche le società Tech stanno acquisendo ed integrando al loro interno imprese Fintech di tutto il mondo. Peltrato, nonostante diverse fondamenta, background culturale e formazione, esistono similitudini differenti nella gestione aziendale tra player tecnologici e Fintech. E' quindi presumibile che le fusioni tra questi soggetti presentino minori complessità rispetto a quelle con il mondo bancario, con una conseguente maggior efficacia ed efficienza dell'offerta aggregata. Indipendentemente da come si evolverà l'ecosistema Fintech globale, e' certo che, negli ultimi anni, il mondo finanziario sia stato trasformato da startup capaci di ridefinire il modo in cui le persone gestiscono il proprio denaro ed accedono ai servizi finanziari. Anche non volendo, le istituzioni finanziarie stanno reagendo a questa ventata di novita'. Sarà quindi utile analizzare il ruolo delle banche nell'ecosistema Fintech, con un focus sul contesto globale, europeo ed italiano.

Come detto, a livello globale, le banche tradizionali stanno affrontando una duplice sfida: da un lato, la concorrenza diretta da parte delle Fintech e, dall'altro, l'opportunità di collaborare e sfruttare l'innovazione tecnologica che, va ribadito, non e' comunque un'esclusiva del settore Fintech. Molte banche -nei diversi contesti geografici- hanno infatti risposto all'ascesa delle Fintech adottando tecnologie simili. Hanno sviluppato app mobili intuitive, servizi di pagamento online e strumenti di gestione patrimoniale digitale per rimanere competitivi. Questa adozione di tecnologie Fintech ha migliorato l'esperienza del cliente ed ha aumentato l'efficienza operativa. Un chiaro esempio di come la concorrenza stimoli il mercato e produca effetti positivi per tutti gli attori, utenti finali in primis.

Allo stesso tempo, anche altri enti finanziari stanno cercando collaborazioni con società Fintech ed investendo in prima persona in startup tecnologiche finanziarie. Queste opzioni offrono alle banche l'accesso a nuove tecnologie e competenze, consentendo loro di ampliare la loro offerta di servizi e rimanere al passo con l'innovazione.

5.2 La situazione nell'Unione Europea

Soprattutto prima di Brexit, l'Unione Europea è stata una delle regioni leader nell'adozione e nella regolamentazione delle Fintech. A livello continentale, le banche hanno affrontato le sfide della competizione Fintech ed al contempo hanno cercato modi per collaborare. Il settore finanziario ha beneficiato dell'approccio costruttivo delle autorità ed incentivato ulteriori iniziative a livello regolamentare. La regolamentazione europea ha promosso l'innovazione Fintech attraverso iniziative come PSD2 (la seconda direttiva sui servizi di pagamento) e il programma Fintech Action Plan. Questi impulsi hanno stimolato l'iniziativa e la concorrenza nel settore dei pagamenti e hanno incoraggiato (o, come vedremo in seguito, blandamente obbligato) le banche a condividere dati con terze parti Fintech. In Europa, molte banche hanno stabilito partnership con Fintech per offrire servizi congiunti ai clienti. Ad esempio, alcune banche forniscono accesso a servizi di pagamento Fintech tramite le loro app bancarie, consentendo ai clienti di utilizzare diverse opzioni di pagamento all'interno di un'unica piattaforma. Sempre in merito all'integrazione di soluzioni Fintech nel portafoglio prodotti di alcune banche, vanno certamente ricordati i già citati use cases relativi ai wallet cripto, alla gestione patrimoniale, alla proposizione di prodotti assicurativi, ai gestionali fiscali, ed ai PFM e BFM. Oltre al digital lending, inteso sia come motori di valutazione di merito creditizio che come erogazione di crediti a breve (tipicamente attraverso l'invoice trading), medio lungo ed a soluzioni ulteriormente innovative come il dynamic discounting. Quest'ultimo verticale, che consiste per un'impresa- buyer, di gestire le eccedenze di liquidità offrendo alla propria filiera il pagamento anticipato delle fatture a sconto, ha visto nel 2019 Unicredit entrare nel capitale dell'operatore specializzato milanese FinDynamic. Tutto ciò ha creato un significativo modello sinergico tra banca e Fintech in un settore sostanzialmente nuovo per il mercato italiano.

L'Italia ha assistito ad un aumento delle attività Fintech negli ultimi anni, con un crescente interesse sia da parte delle banche tradizionali che delle nuove startup. Nel contesto globale, europeo ed italiano, le banche sono chiamate a trovare l'equilibrio tra la tradizione e l'innovazione. Il ruolo delle banche nell'ecosistema Fintech è in evoluzione, con opportunità significative per l'adozione tecnologica, la collaborazione e la creazione di un ecosistema finanziario più ricco e diversificato. La sfida principale è quella di abbracciare il cambiamento ed adattarsi alle mutevoli esigenze dei clienti nell'era digitale, mentre si mantengono solide basi finanziarie ed una reputazione di affidabilità.

5.3 Start-up vs industria finanziaria legacy: competizione e sinergie

Abbiamo analizzato da varie prospettive la rapida evoluzione dell'ecosistema finanziario e le molte start-up che, sulla base della definizione che ci siamo dati all'inizio di questo lavoro, abbiamo identificato come Fintech. Da questa analisi, appare evidente come l'affermarsi di tali imprese abbia portato ad una crescente competizione con le istituzioni finanziarie tradizionali. Questa contrapposizione, benché spesso evidente, non deve però necessariamente tradursi in conflitto, poiché ci sono anche numerose opportunità di collaborazione e sinergia tra le due parti. Proviamo quindi ad esaminare alcune delle dinamiche venutesi a creare tra le start-up Fintech e le istituzioni finanziarie, individuando le sfide, le opportunità e le possibili vie per un rapporto costruttivo. Ne consegue che le start-up Fintech abbiano dato una scossa al compassato mondo finanziario tradizionale introducendo nuove soluzioni tecnologiche, modelli di business innovativi ed una maggiore agilità. Questa ventata di novità è ormai evidente in vari verticali:

5.3.1 Servizi bancari digitali

Se la definizione di Fintech è ancora in divenire (quella data all'inizio di questo lavoro è ovviamente opinabile) sul concetto di banca c'è poco da discutere. Almeno dal punto di vista regolamentare. Per esercitare l'attività bancaria è infatti necessario ottenere un'apposita licenza dall'Ente Regolatore. Nello specifico, il TUB stabilisce caratteristiche, forma giuridica e modalità di costituzione e governance. In Europa è comunque possibile ottenere diverse tipologie di licenza in base al tipo di attività svolta dall'impresa bancaria (il concetto di impresa riferito ad una banca, unitamente alla forma giuridica di società per azioni, è espressamente indicato dall'art.10 del TUB e, per quanto talora non immediato, definisce un aspetto essenziale delle banche: l'essere soggetto fallibile). Esistono infatti licenze tradizionali e licenze dedicate ai soggetti Fintech (sia in qualità di controllate di un gruppo bancario che di entità stand-alone). Da ricordare, per quanto non sia propriamente una licenza bancaria, l'autorizzazione alle attività e-money, che consente di gestire pagamenti e cambi valutari ma non di offrire servizi di deposito.

Storicamente, da un punto di vista operativo, la banca -in forza delle licenze di cui sopra- esercita l'attività di raccolta del pubblico risparmio e di credito verso privati ed imprese. Esse sono dette commerciali proprio perché, analogamente a qualsiasi altra attività commerciale, compravendono beni (nel caso di specie, soldi) applicando un margine (qui tipicamente nella forma di commissioni e/o interessi). Normalmente detti istituti sono generalisti, offrono infatti un'ampia gamma di prodotti ad una clientela eterogenea.

Le banche Fintech, pur rispettando i dettami normativi che abbiamo brevemente illustrato, presentano tipicamente un business model diverso. Hanno spesso uno specifico target di clientela, coerentemente con il principio di specializzazione proprio del settore Fintech e non necessariamente offrono sia depositi che prestiti. Ne consegue che anche le loro fonti di guadagno siano peculiari. Le neo bank offrono servizi bancari digitali più agili e accessibili, mettendo definitivamente in discussione la necessità delle tradizionali filiali bancarie, motivo per cui sono spesso indicate come banche online. In realtà, anche in Italia, abbiamo assistito negli anni ad una progressiva diminuzione del numero di sportelli e questo trend è iniziato prima della nascita di realtà come Revolut o N26. Allo stesso tempo abbiamo istituti che applicano modelli ibridi. E' il caso delle banche-reti, come Mediolanum che, a pochi uffici finanziari spesso senza attività di sportello, affiancano una fitta rete di promotori finanziari (la normativa, da alcuni anni, li identifica come consulenti finanziari abilitati all'offerta fuori sede ma -per comodità e consuetudine- continueremo a chiamarli promotori), o banche ibride come ING o CheBanca!. Quest'ultima, almeno fino all'operazione Barclays del 2017 che vedremo più avanti, associava filiali deputate prevalentemente all'acquisizione di nuova clientela ad un'attività prettamente remota (online o telefonica). Anche realtà storiche come Intesa Sanpaolo con Isybank, Banca Sella con Hype e Unicredit con la nuovissima Buddy R-Evolution hanno lanciato banche online con l'obbiettivo di attrarre nuova clientela e , soprattutto, di contenere i costi delle filiali tradizionali. Proprio in quest'ottica, i due principali gruppi bancari italiani stanno cercando di far migrare il maggior numero possibile di correntisti dalla banca tradizionale ai nuovi brand digitali. Questo nell'ottica sia di contenere il più possibile i costi delle filiali sia per contrastare la concorrenza delle neo bank. Se Intesa ha adottato un approccio molto diretto, spostando ex abrupto oltre due milioni di clienti verso IsyBank, sembra che Unicredit -anche alla luce delle polemiche nate a seguito della politica di migrazione attuata dall'istituto torinese- abbia optato per un approccio piu' morbido. Tutto ciò comunque non cambia la sostanza e conferma un trend evidentemente già partito: la clientela retail, salvo alcune eccezioni, verra' sempre piu' indirizzata verso i canali digitali. Questa rivoluzione, seppur attuata in un periodo d'oro per i bilanci bancari, si fonda sulla constatazione che uno dei vantaggi competitivi delle neobank e' dato dai bassi costi di struttura. Da piazza Gae Aulenti e piazza San Carlo, parte quindi la sfida italiana alle challenger. Una volta equiparati (o quasi) i costi d'esercizio, la contesa si spostera' sulla tecnologia, i servizi e la user experience, ambiti nei quali le neo bank sembrano avere -anche a giudicare dalle recensioni lasciate online dai rispettivi correntisti- un netto vantaggio. I gruppi tradizionali possono però contare su una compliance già strutturata ed adeguata al contesto paese; tema quest'ultimo su cui i regolatori sembrano essere particolarmente e sorprendentemente attenti, severi e tempestivi. Inoltre, un significativo freno allo sviluppo del business di molte challenger bank e', ancora una volta, la mancata attuazione di norme comunitarie. Analogamente a quanto visto in merito a molti principi della PSD2, ignorati in tutto o in parte ancora da diversi istituti, l'obbligo di accettazione in tutta la EU di IBAN emessi nell'Unione e' disatteso in maniera quasi sistematica in molti paesi comunitari. In realta', il Regolamento UE 260/2012 proibisce esplicitamente qualsiasi discriminazione all'interno dell'area SEPA. In più le direttive 2007/64/CE e la ormai celebre PSD2 stabiliscono criteri per evitare il fenomeno noto come IBAN discrimination. Nonostante norme chiare e talvolta addirittura ridondanti, e' quasi impossibile addebitare un SDD su un conto straniero. Di conseguenza, molti correntisti titolari di conti presso istituti come N26 o Revolut sono costretti a mantenere un secondo conto nazionale per gestire transazioni quotidiane come il pagamento di utenze, abbonamenti, la richiesta di mutui e carte di credito o l'accredito di stipendi ed altri emolumenti. Che si tratti di una manovra difensiva e' abbastanza palese: le banche nazionali, obbligando di fatto i correntisti ad utilizzare i propri conti per una serie di operazioni finanziarie necessarie, relegano forzosamente le neo bank al ruolo di "seconde banche" per gli utenti. Non resta che augurarsi che i Regolatori nazionali applichino le norme esistenti abolendo un atteggiamento corporativista che danneggia i consumatori.

In questa breve disamina delle nuove banche, vanno infine citate quelle dedicate a specifici verticali come la francese Qonto, e le italiane AideXa e Banca Progetto che offrono servizi dedicati al mondo dell'impresa, oltre ovviamente alle già citate N26 e Revolut, orientate al mercato delle persone fisiche.

In linea generale, nel settore dei servizi bancari, si assiste molto raramente ad una collaborazione tra incumbent e neo banks. Il motivo, fondamentalmente, è che queste ultime offrono servizi molto simili a quelli tradizionali e che i loro fattori critici di successo risiedono nella user experience e nel costo ridotto per gli utenti. Aspetti difficilmente condivisibili tra concorrenti.

Un esempio di collaborazione tra banche di vecchia e nuova concezione (qualora questo confine possa davvero individuarsi chiaramente) è invece riscontrabile nel cosiddetto banking-as-a-service, o più comunemente Baas, cui dedicheremo un approfondimento in seguito.

5.3.2 Pagamenti digitali

Abbiamo visto come il Fintech abbia reso i pagamenti digitali più convenienti e veloci, minacciando il modello di business delle istituzioni finanziarie per i trasferimenti di denaro. In questo ambito, il trade-off collaborazione-competizione per le banche è stato normalmente risolto con la creazione di partnership. Il motivo è da ricercarsi nella natura stessa del servizio, che potremmo definire come una commodity, ossia un servizio utile a prescindere da chi lo eroghi, difficilmente personalizzabile e -perciò- normalmente scelto per il suo prezzo. Per questi motivi, anche in Italia, molte banche tradizionali hanno iniziato a collaborare con società Fintech e ad adottare le loro soluzioni per migliorare i servizi di pagamento ed offrire una migliore esperienza ai clienti. Tuttavia, proprio per la natura tendenzialmente standardizzata dei servizi di pagamento, le partnership e l'adozione di tecnologie Fintech possono variare nel tempo e dipendere dalle strategie delle singole banche. Al momento possiamo ricordare come UniCredit abbia lavorato con diverse startup Fintech e abbia lanciato la propria soluzione di pagamento mobile chiamata "UniCredit Wallet." Anche Intesa Sanpaolo ha sviluppato diverse soluzioni digitali per i pagamenti, tra cui il servizio di pagamento mobile "XME Pay" e ha collaborato con Fintech per migliorare la sua offerta. Banca Sella, nota per la forte attenzione al mondo Fintech, anche in qualità di investitore, è stata coinvolta in diverse iniziative. Nel 2020 ha infatti sottoscritto un accordo con PayDo (nella quale il gruppo Sella detiene anche una partecipazione) per mettere a disposizione dei propri clienti Plick, la soluzione di PayDo: inviare denaro, senza la necessità di inserire l'IBAN del destinatario, a chiunque all'interno dell'area Sepa, anche se la sua banca non ha ancora integrato il servizio.

5.3.3 Prestiti e finanziamenti

Abbiamo già analizzato come le piattaforme Fintech di digital lending e crowdfunding stiano offrendo alternative di finanziamento che sfidano le tradizionali linee di credito, in diretta concorrenza con la tradizionale attività bancaria. Va sottolineato che questo verticale si coniuga perfettamente con le esigenze di molti istituti alle prese con crediti difficilmente esigibili, difficolta' nella valutazione di merito creditizio delle controparti e situazioni consolidate che, anche a causa del risiko bancario che nel recente passato ha portato a diverse fusioni, determinano portafogli eccessivamente concentrati con conseguentemente un elevato rischio di controparte. Questa situazione, non certo aiutata dalla pandemia e dal successivo rialzo dei tassi di interesse, ha comportato un ennesimo credit crunch, con conseguenze nefaste per l'economia generale. Al fine di mantenere attiva l'erogazione del credito anche in un contesto tanto complesso, alcuni istituti hanno optato per avviare collaborazioni con realtà Fintech, percorrendo diverse possibili opzioni, peraltro compatibili tra loro. Nel primo caso una banca puo' decidere di veicolare alcune richieste pervenute dalla clientela ad una piattaforma, lasciando quindi a quest'ultima la valutazione di merito creditizio e la gestione dell'intera pratica di finanziamento. A fronte di ciò, la piattaforma riconosce tipicamente una commissione che può aggirarsi intorno all'1% del capitale erogato. La banca potra' quindi dare seguito ad una richiesta senza prendersi carico del relativo rischio generando al contempo revenue immediate. Di contro, perdera' del potenziale guadagno e -soprattutto- consegnera' un cliente ad un competitor. Un'altra opzione, prevede che la banca costituisca un veicolo ad hoc che andra' ad investire - tramite una piattaforma- prestando capitali ai propri clienti. In questo caso la banca avra' minori accantonamenti obbligatori ma manterra' il rischio di credito. Oltre, ovviamente, ai guadagni connessi con queste operazioni meno una commissione da corrispondere alla piattaforma. Una terza via, la piu' strutturale, vede l'istituto acquistare dalla piattaforma la sua tecnologia ed il know how necessario per svolgere in maniera diversa le valutazioni creditizie. L'erogazione restera' invece in capo alla banca ed avverra' nelle consuete modalita'. Quest'ultimo approccio, di fatto un white label, darà modo alla banca di beneficiare delle competenze acquisite dalla piattaforma, mantenendo il contatto commerciale con il cliente.

5.3.4 Gestioni patrimoniali

Come abbiamo potuto constatare, a livello globale, i roboadvisor e le piattaforme di gestione patrimoniale automatizzata stanno competendo con i servizi di consulenza finanziaria tradizionale. Questi ultimi, però, presentano un fattore critico di successo, forse inizialmente sottovalutato, ma ancora assolutamente valido: la propria rete di consulenti. Moltissimi risparmiatori preferiscono infatti mantenere ancora un rapporto diretto con un consulente in carne ed ossa e con l'intermediario che rappresentano, anche se ciò dovesse comportare un aumento dei costi. Alla luce di cio', il modello dell'advisory digitale, basata sull'intelligenza artificiale, si e' riposizionato privilegiando il modello B2B a quello B2C. Una collaborazione win win per banche e Fintech. Le banche infatti, possono beneficiare delle competenze maturate dalle società innovative nel redigere portafogli personalizzati. Queste partnership possono portare a risultati vantaggiosi per entrambe le parti e per i consumatori grazie ad un significativo ampliamento dell'offerta di prodotti e servizi, all'accesso a nuove tecnologie e ad una differenziazione del business. Le istituzioni finanziarie possono infatti integrare servizi Fintech, offrendo ai clienti una gamma più ampia di prodotti e servizi finanziari. Inoltre, le start-up Fintech che sono spesso all'avanguardia nelle tecnologie (intelligenza artificiale, blockchain ed analisi dei dati) possono consentire alle istituzioni storiche di beneficiare di tali competenze per migliorare l'efficienza operativa e la personalizzazione dei servizi. Non ultimo, le collaborazioni tra Fintech ed istituzioni finanziarie possono aprire la strada all'innovazione in settori emergenti come l'insurtech e la gestione degli investimenti sostenibili.

Il futuro del settore finanziario sarà probabilmente definito da un equilibrio tra competizione e collaborazione tra Fintech e istituzioni finanziarie tradizionali. Questa sinergia può portare a soluzioni finanziarie più innovative, accessibili ed efficienti, migliorando l'esperienza finanziaria per tutti i consumatori. La chiave del successo sarà la capacità di adattarsi ai cambiamenti, di abbracciare l'innovazione e di lavorare insieme per ampliare il mercato potenziale. Tutto questo richiede, però, ingenti investimenti che talvolta le Fintech faticano a sostenere. Per far fronte a questa esigenza, vi sono essenzialmente tre strade. La prima, appartenente più al mondo ideale che a quello reale, è l'autofinanziamento mediante gli utili conseguiti. Come vedremo in seguito, però, sono davvero poche le Fintech capaci di generare cassa, mentre la gran parte di loro è ancora molto lontana dal break even. La seconda via, al momento la più comune, è quella di ricorrere a nuove iniezioni di liquidità da parte degli investitori. In realtà, il recente rialzo dei tassi di interesse, ha reso più difficili i round di investimento per le società non profittevoli. Fondi di private equity, venture capitalist ed altri operatori finanziari sono infatti diventati più attenti e, dopo un periodo di euforia che ha visto susseguirsi round sempre più consistenti, di recente i cordoni della borsa si sono ristretti tanto drasticamente quanto improvvisamente. Di conseguenza, molti player hanno dovuto rivedere i propri piani e, soprattutto, gli equilibri di cassa, dando così il via a massicci piani di ristrutturazione che hanno impattato, purtroppo, anche sui dipendenti. Il lato positivo della situazione è una generalizzata riduzione dei costi operativi. Un aspetto che non può che stimolare la terza opzione, ossia l'acquisizione delle Fintech da parte di gruppi bancari. Abbiamo visto come una delle alternative nel rapporto tra vecchi e nuovi operatori finanziari siano proprio le fusioni. Esempi sono l'acquisizione del provider open banking svedese Tink da parte di Visa, della Fintech londinese Credit Kudos da parte di Apple e della piattaforma italiana di invoice trading Fifty da parte del Credito Fondiario.

5.3.5 Servizi PFM e BFM

I servizi PFM (Personal Financial Management) e BFM (Business Financial Management) stanno acquisendo via via sempre maggior peso e sono ormai diventati parte della quotidianità finanziaria per molti italiani. Questi strumenti consentono a privati ed imprese di monitorare le proprie finanze, pianificare spese e prendere decisioni finanziarie consapevoli. L'Italia ha assistito ad un aumento significativo dell'adozione di servizi PFM negli ultimi anni, con molte piattaforme Fintech emergenti che offrono questa tipologia di soluzioni. Di fatto i servizi PFM sono spesso la punta dell'iceberg di una più ampia offerta finanziaria. Vengono offerti gratuitamente o al fine di proporre successivamente un upgrade a pagamento (questo modello, noto come freemium, consiste proprio nel fornire gratuitamente le funzionalità di base di un prodotto per poi vendere agli utenti soluzioni più sofisticate) oppure per proporre servizi (finanziamenti, consulenze fiscali, carte di pagamento, eccetera) capaci di generare ricavi per lo sviluppatore. Da un punto di vista tecnico, tipicamente questi servizi si basano sul servizio di aggregazione dei dati di conto corrente (AIS) ai sensi della normativa PSD2. Una volta ottenuto il consenso del titolare del conto, attraverso la cosiddetta strong customer authentication, il fornitore di servizi PFM riceverà via API direttamente dalle banche le informazioni relative alle movimentazioni di conto dell'utente. Questi dati verranno aggregati (nel caso di soggetti titolari di più rapporti bancari), normalizzati e categorizzati al fine di offrire una visione organica, immediata e arricchita. Ad esempio, un correntista potrebbe ottenere un resoconto delle proprie spese riepilogate per tipologia e categoria merceologica, mentre un'azienda un dettaglio sulle proprie entrate, capace di evidenziare eventuali mancati pagamenti o ritardi. Risulta evidente l'oggettiva utilità sia per gli utilizzatori che per soggetti terzi interessati ad offrire servizi di finanziamento (già prevalutati sulla base dei dati ottenuti), fiscali e, più in generale, offerte commerciali focalizzate sulla base delle abitudini di acquisto dei ogni singolo utente. L'eterogeneità dei soggetti interessati ad offrire servizi di PFM, rende quindi difficile definire un verticale specifico, in quanto i servizi di aggregazione e categorizzazione dei conti correnti vengono appunto utilizzati in diversi ambiti. Su tutti, vogliamo citare due use cases che vedono coinvolti istituti bancari e big tech.

Molte banche stanno offrendo gratuitamente ai propri correntisti il servizio di aggregazione di conti terzi direttamente nell'home banking e questo costituisce una vera e propria rivoluzione nella gestione commerciale della clientela. Per gli istituti bancari, infatti, è sempre stato molto difficile determinare quali ulteriori eventuali conti possedessero i clienti nonché le relative giacenze. L'aggregazione consente alle direzioni commerciali di definire con maggior precisione il potenziale dei propri utenti, offrendo servizi più in linea con le loro esigenze. Inoltre, negli ultimi mesi, alcuni istituti stanno implementando servizi estesi dell'Open Banking (con servizi estesi si intendono funzionalità non direttamente contemplate dalla PSD2 ma integrabili ad esse attraverso tecnologie complementari come ad esempio lo screen scraping) per raccogliere anche dati di dettaglio circa i dossier titoli detenuti dai propri correntisti presso altri istituti. Queste informazioni, ottenute sempre previo consenso del titolare, consentono ovviamente analisi di portafoglio più approfondite a tutto vantaggio degli utenti, ma forniscono anche informazioni utilissime ai gestori bancari al fine di governare al meglio la relazione commerciale con un cliente. Si pensi, ad esempio, alla possibilità di trasferire titoli in plusvalenza al fine di far ottenere vantaggiose compensazioni fiscali all'investitore ed, al contempo, di far realizzare commissioni all'istituto.

Un secondo use case relativo ai servizi di aggregazione dei conti, arriva invece da Apple. Nel marzo del 2022, il colosso di Cupertino acquisì una piccola Fintech inglese attiva nella raccolta ed analisi dei dati di conto corrente: Credit Kudos. Il modello di quest'ultima era basato su Open Banking ed in particolare sull'aggregazione dei dati bancari di privati intenzionati a richiedere un affidamento. Al momento dell'acquisizione non erano chiare le motivazioni che avevano spinto Apple ad investire in un ambito apparentemente lontano dal proprio core business, come del resto anche l'ammontare stesso dell'investimento non è mai stato reso noto. Nel Settembre 2023 Apple ha annunciato che i propri utenti britannici potranno aggregare i loro conti correnti attraverso un'app rilasciata a partire dalla release 17.1. Evidentemente un servizio sviluppato sulla base dell'esperienza maturata da Credit Kudos, proprio nel mercato di Sua Maesta'. In altre parole, in riva al Tamigi chiunque abbia un iPhone ora potra' beneficiare di un servizio PFM. Al momento -anche se novita' significative sono ovviamente tutt'altro che improbabili- la portata rivoluzionaria dell'annuncio non risiede tanto nel servizio in se' ma nel numero di persone che ne potranno usufruire, oltre che nella reazione che potrebbe scatenarsi sul mercato. Altri operatori attivi nel settore dovranno ora confrontarsi con un nuovo e fenomenale competitor che, oltre a vantare indubbie competenze, ha anche un altro fattore critico di successo capace di creare vere e proprie barriere all'ingresso per la concorrenza: milioni di utenti captive.

5.3.6 Le partnership banca-Fintech: sarà vero amore?

Negli ultimi tempi sono diventate sempre più frequenti le partnership tra imprese della nuova finanza e realtà bancarie consolidate. Di base si tratta di fondere soggetti diversissimi, letteralmente agli antipodi per molti aspetti. Innanzitutto, mentre le banche sono tipicamente generaliste, in grado cioè di servire un ampio spettro di esigenze finanziarie ed una clientela eterogenea, le Fintech hanno normalmente un approccio specialistico. Offrono cioè un ristretto ventaglio di servizi altamente specializzati ad un target ben definito di utenti. Le motivazioni dell'interesse reciproco sono però molte. Per le Fintech un'alleanza con un istituto bancario può rappresentare davvero una mossa strategica. Innanzitutto per scalare, ovvero per estendere ad un'ampia platea di utenti, dei servizi che, pur utili ad un grande pubblico, rimarrebbero altrimenti limitati ad una clientela sofisticata, attenta all'innovazione ed interessata ad attingere a strumenti provenienti da imprese nuove e spesso poco conosciute. Per le banche, invece, l'alleanza con il mondo Fintech significa poter integrare soluzioni innovative molto velocemente e dimostrare al mercato di vantare un ventaglio prodotti all'avanguardia. Nel medio termine, poi, una partnership può sfociare in un'acquisizione o quantomeno nell'ingresso della banca nel capitale della Fintech. Per quest'ultima questo può rappresentare un punto di arrivo (nel caso dell'acquisizione) o un traguardo intermedio, comunque necessario per crescere e raggiungere economie di scala difficilmente ottenibili altrimenti. Per una banca, invece, acquisire una o più Fintech rappresenta una terza via nel tipico trade-off make or buy. Acquisire il proprio fornitore consente, infatti, di controllare lo sviluppo dei servizi, mantenendo quindi una posizione di leadership in uno specifico verticale, potendo al contempo marginare sulla vendita di alcuni servizi al resto del mercato. Se i progetti di alleanza strategica tra banche e Fintech sono ormai all'ordine del giorno anche in Italia, non si tratta di un percorso privo di ostacoli. La regolamentazione è di fatto una delle principali sfide da affrontare. Le due parti devono infatti districarsi costantemente attraverso un complesso quadro normativo, cercando di garantire la conformità con le leggi finanziarie esistenti ed il dedalo di autorizzazioni, licenze e norme connesse.

Mentre le partnership tra banche e Fintech continuano a svilupparsi nonostante alcune viscosità, il futuro appare davvero promettente. L'innovazione congiunta è diventata una strategia chiave per entrambi i settori per rimanere competitivi nel mercato finanziario, e i benefici sono evidenti per ambedue le parti coinvolte. Le banche trovano nuovi canali di crescita e rafforzano la loro presenza digitale, mentre le Fintech ottengono l'accesso ai clienti ed alle risorse finanziarie di una banca consolidata.

L'alleanza tra banche e Fintech rappresenta un capitolo affascinante nella storia finanziaria del nostro paese. La collaborazione ha dimostrato che, piuttosto che minacciarsi reciprocamente, banche e Fintech possono prosperare lavorando insieme per offrire soluzioni finanziarie innovative e sostenibili.

Capitolo 6: Ecosistemi di supporto ed investimento

6.1 Incubatori, acceleratori e hub Fintech in Italia

Negli ultimi anni l'Italia, sebbene forse in maniera più lenta e timida rispetto ad altri paesi europei, ha comunque fatto passi in avanti nell'arena delle tecnologie finanziarie, o Fintech. Nonostante alcune resistenze culturali ed un sistema-paese non particolarmente incentivante, gli imprenditori italiani hanno abbracciato l'innovazione nel settore finanziario, creando un interessante ecosistema in costante crescita di startup Fintech. Una parte fondamentale di questo ecosistema sono gli incubatori, gli acceleratori e gli hub Fintech. In questo capitolo, esploreremo come queste strutture stiano svolgendo un ruolo cruciale nel sostenere l'innovazione nel settore Fintech italiano.

Gli incubatori Fintech in Italia sono organizzazioni presso le quali le nuove imprese Fintech trovano sostegno, consulenza e risorse per crescere e prosperare. Uno dei più noti è il Fintech District di Milano. Fondato nel 2017, in seno al Gruppo Banca Sella, questo incubatore è diventato rapidamente un punto di riferimento per le startup Fintech italiane. Basato in un moderno palazzo interamente dedicato al Fintech, nel cuore del distretto finanziario di Milano, offre spazi di lavoro condiviso, accesso a reti di investitori e una vasta gamma di eventi ed esperienze di apprendimento. Anche altri incubatori stanno emergendo come forze trainanti nel sostenere le nuove imprese. Questi spazi offrono ai fondatori l'opportunità di condividere idee, affinare le proprie strategie e ottenere feedback preziosi da esperti del settore.

Gli acceleratori Fintech sono programmi che aiutano le startup a crescere più velocemente, spingendole attraverso una serie di fasi di sviluppo. In Italia, acceleratori come H-Farm Ventures e Digital Magics stanno svolgendo un ruolo cruciale nel catalizzare l'innovazione nel settore Fintech. H-Farm Ventures, con sede a Treviso, non solo fornisce finanziamenti alle startup, ma offre anche un ecosistema completo di mentorship, consulenza e partnership strategiche. Questo acceleratore si concentra sull'incoraggiare l'innovazione tecnologica e digitale in vari settori, compreso il Fintech. Digital Magics, quotata sul segmento AIM di Borsa Italiana e con sedi a Milano, Napoli, Palermo, Roma, Padova, Bari, Torino, Londra ed Ascoli Piceno ha lanciato il suo acceleratore Fintech per sostenere le imprese emergenti nel settore finanziario. Offre un programma che comprende mentoring, formazione e accesso a una vasta rete di investitori.

Gli hub Fintech sono invece luoghi in cui le startup Fintech e le aziende tradizionali possono collaborare, condividere conoscenze e creare sinergie. L' hub del Politecnico di Milano è un esempio di centro che promuove l'innovazione collaborativa nel settore. Questo hub è stato fondato nel 2019 e ha lo scopo di promuovere l'interazione tra il mondo accademico, l'industria finanziaria e le startup Fintech. Inoltre, offre spazi di coworking, laboratori di ricerca e programmi di formazione per sostenere lo sviluppo del settore e collabora con importanti istituti finanziari italiani per sperimentare nuove tecnologie e soluzioni. Presso l'Ateneo milanese, hanno sede diversi Osservatori con focalizzazioni specifiche su vari verticali del settore finanziario e Fintech in particolare. Gli Osservatori, tra le altre attività, mettono periodicamente a disposizione studi e rilevazioni di mercato ed organizzano eventi di aggiornamento.

In sintesi, l'ecosistema Fintech in Italia sta progressivamente accelerando il proprio ritmo di crescita, grazie all'importante contributo degli incubatori, degli acceleratori e degli hub. Queste strutture forniscono il supporto vitale di cui le startup Fintech hanno bisogno per crescere e competere in un settore in costante evoluzione. Con ulteriori investimenti e un ambiente favorevole all'innovazione, l'Italia finalmente potrà ritagliarsi uno spazio adeguato nella scena Fintech globale in linea con quanto ci si aspetterebbe dall'ottava economia mondiale.

6.2 I Venture Capital nel Fintech italiano

Nonostante sia ancora lontano dai volumi di contesti virtuosi come il Regno Unito o la vicina Francia, l'ecosistema Fintech italiano ha suscitato l'interesse dei venture capital (VC) nazionali e internazionali. Proprio questi ultimi, visto il potenziale di mercato nel paese ed il talento imprenditoriale emergente nel settore Fintech, hanno iniziato ad investire nelle startup del paese. Tra essi, possiamo ricordare P101 Ventures, che -tra le altre- ha investito in Opyn; United Ventures, che detiene quote di MoneyFarm, Fiscozen, Fido e YoungPlatform, la newyorkese Endeavor Catalyst, che ha creduto nelle italiane Casavo e Satispay.

I venture capital non forniscono solo finanziamenti alle startup Fintech, ma anche competenze, reti di contatti ed accesso ai mercati internazionali. Questo supporto è essenziale per aiutare le startup a superare le sfide iniziali ed a scalare.

6.3 Raccolta di capitali: l'ecosistema Fintech e gli investitori

Abbiamo già accennato al fatto che le necessità di cassa di molte Fintech siano rilevanti e che crescano significativamente col crescere del business e che, al contempo,i ricavi inizialmente siano spesso esigui. Si tratta di una situazione fisiologica nel settore, visto che la pressoché totalità dei business plan prevede importanti ed immediati investimenti soprattutto in risorse umane molto qualificate e che gli utili arrivano tipicamente solo dopo una fase di scale up. Ne consegue che i conti di moltissime imprese tecnologiche -non solo di quelle impegnate nel settore finanziario- siano in rosso e molto lontani dal pareggio di bilancio. Giocoforza è difficile immaginare imprese Fintech capaci di autosostenersi, a meno che non nascano in seno ad un gruppo bancario, tecnologico od industriale già consolidato e quindi capace di sostenerne la crescita. Abbiamo, ad esempio, citato più volte Widiba e CheBanca!, entrambe finanziate dalle rispettive capogruppo MPS e Mediobanca. Molto spesso, però, le fintech nascono dall'intuizione di un singolo o un gruppo ristretto di founders che non necessariamente partono dall'ormai mitologico garage ma che comunque difficilmente dispongono dei capitali di un gruppo bancario. In questi casi, il ricorso ad investitori istituzionali specializzati è una tappa obbligata. Questo capitolo esplorerà quindi il ruolo cruciale svolto dai fondi di venture capital e private equity nel finanziamento delle imprese Fintech in Italia, analizzando i vari round di investimento, dal pre seed all'exit.

6.3.1 Pre Seed: l'inizio di un sogno

Molte grandi storie di successo hanno un inizio umile, e così anche molte delle Fintech italiane di oggi sono partite da zero. Nella fase pre-seed, i fondatori investono i propri risparmi e cercano il supporto di amici e familiari o di acceleratori. Questo è il momento in cui l'idea inizia a prendere forma ed a svilupparsi, l'impresa non è ancora sul mercato e sta testando i propri servizi insieme ad una ristretta rete di utenti-tester. Mancano quindi clienti paganti e flussi di cassa positivi per l'azienda.

6.3.2 Seed: Il primo passo verso il successo

Una volta che un'impresa ha dimostrato il potenziale della sua idea ed ha bisogno di finanziamenti per crescere, si dirige verso la fase del "seed." In questa fase, le startup cercano normalmente il sostegno dai fondi specializzati.

Pre-seed e seed, mirano a sostenere lo sviluppo del prodotto, la ricerca di mercato ed a stabilire le basi per la scalabilità. In queste fasi, le imprese iniziano a sviluppare la propria offerta, a costituire un team ed a testare il prodotto sul mercato. Investire in questa fase richiede quindi conoscenza del settore, disponibilità a supportare le imprese non solo finanziariamente, ma anche condividendo know how, network e contatti di potenziali clienti, nonché notevole apertura mentale. Per questi motivi, gli specialisti nel venture capital non sono moltissimi: in Italia, realtà come 360 Capital Partners, United Ventures ed Ithaca Investment si sono segnalate per aver investito in numerose startup Fintech promettenti.

6.3.3 Serie A: inizia la salita

Una volta superata la fase seed e dimostrato il proprio valore sul mercato, le Fintech necessitano di "scalare" le proprie attività. Gli investimenti necessari per attirare nuovi talenti, investire nel prodotto, nel marketing eccetera, vengono tipicamente reperiti attraverso l'emissione di nuove azioni. Questo round di investimento assume normalmente la denominazione di Serie A. Questo è il momento in cui la competizione si fa più intensa e la startup deve dimostrare di avere un modello di business solido.

6.3.4 Serie B e successivi: si cresce (ma non è detto che si guadagni!)

Una volta che una Fintech ha dimostrato la sua capacità di crescere in modo sostenibile, può cercare di raccogliere finanziamenti attraverso round di Serie B, C, D e così via, per accelerare ulteriormente la propria crescita.Nei vari round, man mano che nuovi investitori entrano nel capitale, le quote dei founder si diluiscono e crescono conseguentemente le complessità nella governance. Per questo, tipicamente, i diritti incorporati nelle varie categorie di azioni differiscono tra loro e si vengono a creare due macro categorie di investitori: i lead investors ed i follower investors.

I lead investors sono gli investitori principali o capofila di un singolo round di finanziamento. Sono spesso i primi ad essersi impegnati nella startup e svolgono un ruolo attivo nella valutazione dell'opportunità di investimento, nella negoziazione delle condizioni dell'accordo e nell'orientamento strategico dell'azienda o del progetto. Possono avere un maggiore coinvolgimento nell'operazione rispetto ai follower investors e spesso prendono parte alla gestione dell'azienda. I follower investors sono invece coloro che partecipano a un round di finanziamento successivamente ai lead investors. Solitamente, seguono l'investimento dei lead investors una volta che il round è stato avviato e le condizioni dell'accordo sono state stabilite. Anche se possono contribuire con fondi significativi, tendono ad essere meno partecipi nell'operatività quotidiana dell'azienda e nel processo decisionale strategico rispetto ai lead investors, avendo un coinvolgimento solitamente meno diretto nella gestione e nella direzione strategica. Nonostante alcune Fintech riescano a mietere successi significativi nella sottoscrizione di vari round d'investimento, non è detto che a grossi capitali raccolti corrispondano fatturati proporzionalmente rilevanti e, men che meno, utili interessanti. Una start up, infatti, e' un'impresa che intende bruciare le tappe nella crescita e, per questo, investe massicciamente in strumenti, capitale umano ed operazioni di marketing, capaci di generare un effetto moltiplicatore del valore dell'impresa nel medio lungo termine ma che pesano significativamente sul conto economico, spostando progressivamente in la' il break even. I critici sostengono che molte Fintech brucino capitale e non siano imprese redditizie. Riferendosi anche alla recente inversione di tendenza nella valutazione di mercato delle stesse, un crollo che, anche a causa del contestuale rialzo dei tassi d'interesse, ha drammaticamente ridotto l'appetito degli investitori. Al contrario, molti vedono nel settore una straordinaria capacità di creare valore a lungo termine, nonché ghiotte plusvalenze per gli investitori. La realta' e' che fare l'imprenditore digitale (ma anche l'investitore ovviamente) e' un mestiere complesso che richiede, tra le altre cose, una forte tolleranza ai saliscendi di un mercato dall'andamento particolarmente erratico. L'esperienza portera' probabilmente a normalizzare le valutazioni delle start up Fintech ed i flussi di denaro conferiti dai fondi di venture capital, nonche' a rifocalizzare gli obiettivi a breve: minor enfasi sulla raccolta di capitali e piu' sul numero di clienti paganti, sulla redditivita' e sulla sostenibilita' a lungo termine.

6.3.5 L'ingresso dei fondi di Private Equity: da startup a realta' consolidata

Quando le imprese Fintech iniziano a maturare ed a dimostrare la loro redditività, possono cercare il supporto dei fondi di private equity. Semplicisticamente, questi ultimi si differenzano dai venture capitalist in quanto tipicamente interessati ad imprese già capaci di vantare un track record di successo ed un modello di business solido.
Mentre, come abbiamo visto, il venture capital si concentra su startup ad alto potenziale in fase iniziale e spesso fornisce un sostegno attivo alla crescita, il private equity investe invece in aziende più consolidate, cercando di influenzare la loro strategia o di ristrutturare l'azienda stessa. Entrambi i settori hanno obiettivi di investimento diversi ed approcci diversi alle opportunità di investimento.

6.3.6 Exit ed IPO: monetizzare il potenziale creato

L'obiettivo finale per molte startup ed i loro investitori è la monetizzazione di investimenti, lavoro e valore messi in campo, che si attuano attraverso una exit, cioè la vendita dell'azienda oppure un'IPO, ovvero l'ingresso in borsa.
Entrambi i concetti, "exit" ed "IPO" (Initial Public Offering), riguardano la

modalità con cui i proprietari di una startup possono capitalizzare i propri investimenti. Tuttavia, ci sono differenze significative tra i due:

Una exit è una strategia di uscita che permette agli investitori ed ai fondatori di una startup di realizzare profitti cedendo la loro partecipazione in modo strategico. Tipicamente le exit possono avvenire verso due tipi di controparti, nel primo caso, la startup viene acquistata da un'altra azienda più grande e gli investitori ed i fondatori ricevono un pagamento in contanti od azioni della società acquirente. Nella seconda ipotesi, quella di un buyout da parte di venture capitalist o private equity, gli investitori principali od i venture capitalist possono rilevare la società od acquistarne una parte significativa, consentendo agli altri azionisti di ottenere un ritorno sull'investimento.

Una IPO è il processo mediante il quale una startup diventa una società quotata in borsa, consentendo al pubblico di acquistare azioni della società. In altre parole, la società emette azioni al pubblico per la prima volta. Quando una startup effettua un'IPO, vende una parte delle sue azioni al pubblico tramite una borsa valori, come il NASDAQ o il FTSE MIB. Gli investitori iniziali ed i fondatori possono decidere se mantenere o vendere parte delle loro azioni in questo processo.

Oltre alle modalità tecniche, esistono alcune differenze tra queste due forme di cessione di quote, da tenere in considerazione. In una exit, il controllo della società passa spesso ad un nuovo proprietario, mentre in una IPO, la startup può mantenere il controllo, a meno che non ceda una quota significativa delle azioni. Inoltre in una exit, il rendimento per i cedenti è tipicamente basato sulla valutazione negoziata con l'acquirente o l'investitore, mentre in una IPO, il valore delle quote dipende dalle assunzioni circa il prezzo che il mercato può ritenere congruo e, a quotazione avvenuta, dall'effettivo prezzo di mercato originato dall'incontro tra domanda ed offerta.

In sintesi, una exit è una vendita strategica od un'uscita finanziaria per una startup, mentre una IPO è un processo di quotazione in borsa che consente alla startup di diventare una società pubblica. Entrambe le opzioni hanno implicazioni finanziarie e di controllo significative per i fondatori e gli investitori.

Il lungo e insidioso cammino che porta un'idea al successo imprenditoriale e' costellato di complessita', in particolar modo nel nostro paese dove, in generale, fare impresa e' arduo dal punto di vista burocratico, fiscale e culturale. (Probabilmente è per questo che le aziende in italiano le chiamiamo imprese!). Viste le avversita' che un giovane imprenditore deve affrontare, e' naturale che spesso la comunicazione rimarchi fortemente i piccoli grandi traguardi raggiunti. Una sorta di nemesi in salsa tech, insomma. Il rischio, pero', e' scadere nel macchiettismo, se non peggio. Sempre più spesso, infatti, il lancio di un nuovo prodotto, la partecipazione ad un evento, la definizione di partnership e, soprattutto, la chiusura di un round di investimento vengono celebrati in maniera particolarmente accesa. Se non addirittura un tantino eccessiva, con un profluvio di termini roboanti come rivoluzione, disruptive, game changer, best in class, eccetera.

Nulla di nuovo sotto il sole, anche le vecchie imprese industriali e commerciali hanno sempre amato autodefinirsi "aziende leader", ma a volte si rischia di compromettere la propria credibilita'. E' il caso proprio dei round di investimento, visti spesso più come risultati concreti che come passaggi intermedi. Le imprese innovative necessitano infatti di ingenti capitali per investire ed accelerare la propria crescita. Ne consegue che, per i primi anni di attivita', i bilanci resteranno sempre impietosamente in rosso ed il capitale necessario per il funzionamento dell'impresa non derivera' dagli incassi realizzati ma dalla capacita' di attrarre nuova liquidita' sotto forma di equity. Poiché i round di investimento sono tanto complessi e faticosi quanto incerti, la loro chiusura e' certamente motivo di forte soddisfazione per i soci. Ma il vero traguardo sara' l'eventuale successiva trasformazione dei prodotti e servizi dell'azienda in risultati commerciali. In altre parole, la sostenibilita' e' data dai clienti paganti, più che dagli investitori. Le cose si complicano quando da semplici svuotamenti semantici, si passa a potenziali fraintendimenti. Un esempio su tutti: negli ultimi tempi e' diventata prassi confondere (o meglio, non specificare adeguatamente) la natura del capitale raccolto. Prendiamo la societa' α, start up nel settore lending che effettua uno o piu' round di investimento. A seconda del modello scelto, la nostra α, necessitera' di equity, ossia il capitale necessario per il funzionamento dell'impresa (costo del personale, marketing, investimenti in tecnologia, logistica, eccetera) e di capitali da utilizzare per l'attivita' creditizia (ossia la liquidita' da prestare alla clientela che determinera' poi le revenues aziendali). E' ragionevole pensare che quest'ultimo sarà superiore all'equity, probabilmente di qualche ordine di grandezza. Appare quindi evidente che, nell'ottica degli annunci roboanti tanto in voga oggi, comunicare una generica raccolta senza specificare la natura del capitale ottenuto possa generare confusione e rendere complessa una valutazione dell'impresa stessa. Soprattutto in riferimento ad altri player attivi in settori dove la componente "di debito" non esiste. Una condizione, quest'ultima, che rischia di limitare la capacità dell'impresa di andare "a mercato", tramite un'IPO o l'emissione di obbligazioni o mini bond. Oltre che in grado di minare la credibilità di un settore che sta ritagliandosi un posto al sole nel mondo della finanza.

6.4 Ruolo delle Università nella formazione Fintech

Le università italiane hanno sempre giocato un ruolo significativo nel plasmare il panorama economico e tecnologico del paese. Negli ultimi anni, esse hanno svolto un ruolo sempre più importante nella promozione, nella formazione e nel supporto al settore Fintech italiano. Alcuni atenei sono diventati veri e propri hub di innovazione, stimolando la ricerca, la formazione e l'incubazione di nuove idee. In molti dipartimenti sono stati istituiti laboratori sul Fintech, cattedre dedicate e programmi di studio specifici per aiutare gli studenti a sviluppare competenze nel settore finanziario digitale.

Il Politecnico di Milano è uno dei leader nel campo dell'innovazione Fintech in Italia. La sua Scuola di Management è stata pioniera nella creazione di corsi di studio focalizzati sulla tecnologia finanziaria. Collaborando con importanti istituti finanziari e Fintech, il Politecnico offre ai suoi studenti l'opportunità di apprendere dagli esperti del settore e di lavorare su progetti concreti.

L'Università Bocconi ha istituito l'Algorand Fintech Lab, un centro di ricerca e formazione dedicato appunto al Fintech. Questo laboratorio collabora con istituti finanziari, startup ed organizzazioni governative per condurre ricerche e sperimentazioni nel campo delle tecnologie finanziarie. L'Università Bocconi offre inoltre programmi di master per preparare gli studenti alle sfide del settore.

Le università italiane offrono non solo programmi di studio avanzati, ma anche supporto diretto all'imprenditoria Fintech attraverso incubatori e acceleratori.

Capitolo 7: La lunga marcia degli Unicorni

Nelle pagine precedenti, abbiamo introdotto il concetto di exit, ossia l'uscita -totale o parziale- dei fondatori dall'azienda a seguito della cessione delle proprie quote. Si tratta di un momento molto significativo sia per l'azienda che per gli stessi fondatori. Per questi ultimi significa spesso ottenere grande visibilità ed autorevolezza. Diventare davvero un imprenditore di successo appartenente alla categoria di chi "ce l'ha fatta" e vedere spianata la strada verso nuove iniziative, oppure continuare a guidare la propria creatura forte di disponibilita' mai avute in precedenza. Oltre ovviamente ad incassare assegni con molti zeri. L'impresa, invece, nel momento in cui viene acquisita da un gruppo dimensionalmente piu' importante, da un fondo con obiettivi di lungo termine o viene quotata su un mercato regolamentato, effettua un vero e proprio salto quantico: si trova infatti proiettata in un'orbita nuova, diversa e potenzialmente capace di rendere effettivo il potenziale dell'idea originale.

Nel mondo della finanza, un unicorno è una società che ha raggiunto una valutazione di almeno un miliardo di dollari. Il termine è stato coniato nel 2013 da Aileen Lee, fondatrice e managing partner di Cowboy Ventures, per descrivere le startup tecnologiche che hanno avuto un successo straordinario. Nonostante non si tratti certo di una passeggiata, a livello globale nel settore Fintech, gli unicorni sono sempre più comuni. Nel 2023, ci sono oltre mille unicorni Fintech in tutto il mondo, con una valutazione totale che supera il un trilione di dollari. Si tratta quindi di un ambito economico di assoluta rilevanza, con impatti significativi in ambito occupazionale, sociale, fiscale e finanziario. Ma cosa rende una startup Fintech capace di diventare un unicorno? Ovviamente non esiste una risposta univoca a questa domanda -letteralmente- da un trilione di dollari, ci sono infatti diversi fattori che possono contribuire alla crescita di una startup Fintech, come esistono altrettanti fattori ostativi che possono limitare lo sviluppo di un progetto.

Di base, ogni impresa nasce al fine di soddisfare un'esigenza. Una prima analisi, generalmente svolta prima del cosiddetto pre-seed, serve proprio a comprendere il potenziale bacino di utenti interessati ad utilizzare (e pagare!) i prodotti/servizi che si vogliono lanciare sul mercato. Ovviamente, maggiore è il numero di soggetti interessati e minore quello dei competitor sul mercato, meglio è. In sintesi, un'idea innovativa che risolve un problema reale per i consumatori o le aziende è una buona base di partenza.

A questo punto è fondamentale comprendere quali siano i competitor esistenti, quali quelli potenziali e quali le barriere all'ingresso. Una volta analizzate le proposte in concorrenza con l'idea imprenditoriale si possono individuare i fattori critici di (potenziale) successo, ovvero i punti di forza che, almeno sulla carta, dovrebbero convincere il maggior numero di utenti.

Una volta definito il perimetro che si intende servire e valutato il mercato di riferimento (sia attuale che potenziale) arriva il momento di partire: raccogliere denaro ed avviare il progetto. L'execution è il passaggio fondamentale, che può dare forma ad un'idea brillante o vanificare gli sforzi fatti in sede di progettazione. Attirare e mantenere un team capace e motivato è uno degli aspetti più complessi nella gestione di una start-up, anche perchè per motivi dimensionali non sarà possibile offrire lo stesso livello di retribuzione garantito da imprese consolidate. Per questo, tipicamente le start up si sforzano di migliorare il work-life balance dei dipendenti, offrendo un ambiente informale, ampia flessibilità e generosi piani di stock option, di modo da fidelizzare il più possibile il personale. Al contempo, lavorare in una start up consente una carriera più rapida ed una responsabilizzazione capace di soddisfare i candidati più ambiziosi. Quest'ultimo aspetto ha anche creato delle situazioni limite, dove per gratificare i dipendenti si sono spesi con eccessiva leggerezza titoli altisonanti, con la conseguenza di trovarsi imprese con più C-level e VP che impiegati! Detto questo è indubbio che una forte leadership ed un team di gestione esperto siano fondamentali per la crescita di un'impresa, non a caso la voce di gran lunga più rilevante tra le uscite di cassa delle start up è proprio quella relativa ai costi per il personale.

Crescere velocemente è un vero e proprio mantra per gli start-upper e non potrebbe essere diversamente. La strategia dei fondi di venture capital è infatti quella di investire in società capaci di scalare velocemente il mercato, creando in un tempo relativamente breve un grande potenziale, al fine di attirare nuovi investitori, disposti ad acquistare quote a prezzi multipli rispetti a quelli pagati dai primi investitori. In questo contesto, quindi, il focus viene riservato alle percentuali di crescita ed alla conquista di nuovi clienti e mercati. Una start up, soprattutto in settori innovativi, fonda il proprio valore proprio sulla capacità di generare valore prospettico più che revenues. Non deve quindi sorprendere il fatto che spesso a valutazioni astronomiche non corrisponda un utile proporzionale. Anzi, non è raro che imprese ancora in perdita valgano decine se non centinaia di milioni.

Se, come abbiamo visto, non esistono formule magiche per individuare le imprese di futuro successo, né si possono applicare i classici criteri valutativi come l'Ebitda margin, il DSCR, il FCCR, risulta necessario un approccio diverso. Uno di essi è valutarne gli investitori: la presenza di fondi prestigiosi con track record importanti è infatti garanzia, se non di successo, quantomeno di attenta analisi ex ante e -soprattutto- di supporto qualificato in fase di execution.

7.1 Lasciata ad un passo dall'altare

Dopo una fase di crescita iniziale, la stabilizzazione di un'azienda può passare dal trasferimento delle quote verso investitori di lungo termine, da una quotazione (le IPO viste precedentemente) o dalla fusione con una realtà più grande e consolidata. Il matrimonio tra due imprese è normalmente chiamato fusione o acquisizione -M&A secondo il gergo anglosassone- e mira a rafforzare l'attività di un'impresa attraverso l'unione con un altro soggetto. Questo può divenire un partner nel caso di una fusione o un soggetto controllante nel caso di un'acquisizione. Indipendentemente dalla forma tecnica scelta, un processo di M&A desta sempre grande entusiasmo presso tutte le parti in causa: l'acquirente potrà accrescere quote di mercato e fatturato, oltre a diversificare il proprio business. I soci del soggetto acquisito potranno vantare un successo imprenditoriale e incassare ingenti somme. Gli intermediari dell'operazione, invece, beneficeranno di laute commissioni, indipendentemente dal reale successo dell'operazione. Spesso, infatti, sono proprio loro i veri vincitori in queste situazioni. Per questi motivi, le operazioni di M&A vengono tipicamente annunciate in pompa magna, anche prima dell'effettivo closing. Mantenendo il paragone con un matrimonio, possiamo dire che i festeggiamenti iniziano già dal momento delle pubblicazioni. Le brutte sorprese, però, non sono rare e può capitare che un'impresa venga sedotta ed abbandonata poco prima della chiusura dell'operazione. Fino alla firma dell'ultimo documento, infatti, sia i promessi sposi che terze parti possono infatti mettere in discussione l'intero accordo ed il ruolo del guastafeste tocca spesso alle autorità di regolamentazione. Antitrust, banche centrali ed altre autorità, hanno infatti il compito di valutare la correttezza dell'operazione dal punto di vista regolamentare e, spesso, il loro intervento risulta decisivo per spostare significativamente gli equilibri precedentemente raggiunti dalle parti. In altri casi, sono altri player del mercato a sollevare obiezioni ed a richiedere l'intervento delle autorità. Poco importa che l'ostacolo venga da un don Abbondio o da un don Rodrigo: a volte a vincere è l'Innominato. Fuor di metafora, un recentissimo esempio, proveniente dal mondo Tech, può risultare emblematico.

Nel settembre del 2022, Adobe, una delle principali software house a livello globale aveva annunciato l'intenzione di acquisire un competitor per una cifra non lontana dai 20 miliardi di dollari. La target, la giovane ma affermatissima Sigma, aveva per voce del proprio CEO confermato con entusiasmo l'operazione. Perfetta complementarietà, tanti soldi sul piatto ed entusiasmo alle stelle: tutto sembrava preludere ad un matrimonio felice. Fino al processo di approvazione da parte degli enti regolatori. La Commissione Europea e, soprattutto, la britannica Competition and Markets Authority hanno infatti sollevato perplessità circa la posizione dominante che avrebbe assunto Adobe nel post acquisizione quando sarebbe diventata una quasi monopolista di mercato. Gli aggiustamenti proposti dai regolatori sembrano non aver convinto Adobe che, a metà dicembre 2023, ha quindi deciso di rinunciare all'operazione pur rimettendoci circa un miliardo di penale da pagare a Sigma.

L'operazione Sigma/Adobe non rappresenta che un singolo esempio di matrimonio finanziario saltato all'ultimo, tra i tanti che si potrebbero fare. Nel mondo Fintech, stante la pesante regolamentazione del mondo finanziario, queste situazioni sono anche più probabili, e ragionevolmente assisteremo a numerosi esempi simili nei prossimi anni. Questo non deve spaventare o far temere per il futuro del settore ma semplicemente deve fungere da ammonimento per placare i facili entusiasmi. Le vere complessità nel mondo del M&A non sono infatti rappresentate dal raggiungimento di un accordo tra le parti, bensì da quello che segue: autorizzazioni, fusione vera e propria delle strutture ed execution del business plan teorizzato.

Capitolo 8: Successi ed insuccessi nel Fintech Italiano

8.1 Casi di successo: i player emergenti nel panorama italiano

Dopo aver esaminato i principali segmenti e verticali del Fintech italiano, è ora di concentrarci su alcuni esempi pratici di player che stanno ridefinendo il panorama finanziario del nostro paese. Questo, grazie alla preziosissima collaborazione di alcune delle principali aziende innovative che spiccano nei rispettivi settori: Wealthype, MyCredit Service, October, Sibill, MiaFintech e Wearestarting. Inoltre, andremo a scandagliare i segreti del settore dei pagamenti digitali con Filippo Bergamin, founder di doubleP, società di advisory del settore.

8.2 Wealthype: il wealthtech del futuro

Storicamente le gestioni patrimoniali sono sempre state un prodotto d'elite, riservato a pochi, selezionati, ricchi ed evoluti investitori. Clienti facoltosi trattati con particolare riguardo dalle banche, disponibili a dedicare loro i migliori consulenti per studiare soluzioni d'investimento personalizzate e capaci di comprendere sia gli strumenti più comuni come azioni, obbligazioni o fondi, che titoli non quotati, collocamenti o opere d'arte. Negli ultimi anni, il Fintech ha avuto il merito di democratizzare anche questo verticale, mettendo a disposizione del grande pubblico soluzioni raffinate e sofisticate, un tempo riservate esclusivamente ad una clientela di fascia molto elevata. Per capire cosa si celi dietro le quinte dei già citati roboadvisor e delle più recenti soluzioni tecnologiche del settore, ci sono venuti in aiuto Serena Torielli e Raffaele Zenti. Cofondatori e rispettivamente CEO e COO di Wealthype, un'azienda wealthtech, nota in passato con il nome di VirtualB, che aiuta i consulenti finanziari e le banche a fornire ai propri clienti le migliori soluzioni finanziarie ed assicurative.

Utilizzando l'intelligenza artificiale, e più in generale la data science, Wealthype fornisce ai consulenti finanziari ed all'intero comparto finanziario, bancario e assicurativo gli strumenti necessari per prendere le migliori decisioni per la propria clientela. L'obiettivo è rendere la consulenza finanziaria al tempo stesso personalizzata e scalabile. Migliorando quindi la soddisfazione di tutte le fasce di investitori, che possono ora beneficiare di strumenti all'avanguardia e, al contempo, incrementando il ritorno economico per gli intermediari. L'uso della tecnologia, infatti, oltre a migliorare significativamente la qualità della consulenza, aumenta anche la produttività e l'efficienza degli intermediari finanziari. Il passaggio da strumento d'elite a servizio esteso a larghe fasce di utenza, è quindi un'operazione win-win: banche e reti possono infatti contemporaneamente efficientare i propri processi ed aumentare la soddisfazione dei clienti. Inoltre, l'uso sistematico della data science, ossia la disciplina che, combinando tecniche di machine learning ed altri metodi quantitativi, consente di elaborare vastissime ed eterogenee masse di dati al fine di estrarre informazioni utili.

E' interessante notare come il wealthtech sia in questo momento un settore particolarmente centrale per il mondo finanziario. Questo sia perché si è dimostrato capace di risolvere tanto problematiche di redditività quanto di qualità del prodotto, sia perché coinvolge tecnologie al momento molto in voga. Molti intermediari finanziari sembrano infatti pronti ad investire in soluzioni di intelligenza artificiale ed a svecchiare infrastrutture tecnologiche spesso vecchie e poco performanti. Le tecnologie innovative alla base del settore, combinate con un uso sistematico e consapevole dei dati, consentono grandi guadagni di produttività per gli intermediari finanziari e permettono di servire meglio un numero più elevato di clienti con servizi ad elevata marginalità. Inoltre, nell'attuale quadro di accesa competizione, Wealthype può anche aiutare nella fase di origination, definendo nuovi lead. La combinazione di IA e scienze comportamentali aiuta infatti a creare nuovi contatti e convertire i prospect, anche con pochi dati disponibili.

In questo contesto, Wealthype rappresenta un reale motore di innovazione per il mercato: una piattaforma unica al mondo, fruibile sia come piattaforma propriamente detta (cioè con una propria interfaccia utente), sia come servizio ("data as a Service") via API. Da un punto di vista di prodotto, si tratta di un tool per consulenti finanziari e banche alimentato dall'intelligenza artificiale che fornisce assistenza durante l'intero processo di consulenza. Dall'engagement iniziale del prospect, al check-up del portafoglio, alle raccomandazioni, alla reportistica ed alla comunicazione. L'algoritmo intelligente impara continuamente dai dati per migliorare la sua accuratezza, incorporando il feedback degli utenti ed adattandosi dinamicamente alle circostanze che cambiano nel tempo.

L'algoritmo di apprendimento automatico identifica il "DNA finanziario" specifico di ogni cliente ed effettua una valutazione del suo benessere finanziario, sintetizzata da un apposito indice. Dopodiché il sistema consente, attraverso raccomandazioni specifiche, di mantenere elevata e migliorare la salute finanziaria dell'utente. Tra le altre cose, il servizio fornisce contenuti che possono essere utilizzati dai professionisti per comunicazioni commerciali e report informativi costruiti su misura in base alla personalità e tipologia di ogni cliente.

Wealthype si contraddistingue anche per adottare un approccio olistico che copre tutti i tipi di prodotti finanziari ed assicurativi, garantendo un supporto completo ai professionisti ed alle società finanziarie di vario genere. Dalla banca privata con una rete di consulenti alla banca con canali di distribuzione sia fisici che digitali fino ai network di consulenza. Comprende, inoltre, sia prodotti bancari (investimenti a strumenti tradizionali come conti e carte) sia assicurativi, illustrando ai clienti l'impatto che vari tipi di protezione possono avere sul loro benessere finanziario.

In linea generale, il mercato internazionale del wealthtech appare abbastanza frammentato ed è costituito da aziende di varia tipologia. I player wealthtech, infatti, utilizzano diverse tecnologie e diversi modelli di business per facilitare ed accelerare la distribuzione, la produzione e le attività post-trade e di back-office lungo la catena del valore del wealth management. Per semplicità si potrebbero definire tre macro categorie:

- piattaforme digitali di gestione patrimoniale che si relazionano direttamente con i clienti finali fornendo consulenza finanziaria per investitori retail ed accreditati (direct to consumer) come i roboadvisor;

- fornitori di soluzioni tecnologiche che assistono le istituzioni finanziarie e non finanziarie nelle gestione digitale di patrimoni ed asset lungo tutta la catena del valore del wealth management (business-to-business e business-to-financial institutions)

- piattaforme digitali per la gestione patrimoniale che coinvolgono consulenti ed agenti finanziari indipendenti, consentendo loro di fornire soluzioni e consulenza patrimoniale ai loro clienti finali (business to financial advisor).

A livello globale, gli Stati Uniti sono il mercato leader nel settore wealthtech, con numerose startup e aziende consolidate che offrono soluzioni innovative per il wealth management digitale sia nel segmento direct to consumers che in quello business-to-business e business-to financial advisors.

In Europa la parte del leone la fa il Regno Unito con una presenza crescente di startup e aziende che offrono servizi digitali per il wealth management ed una popolazione tendenzialmente incline ad abbracciare le nuove tecnologie finanziarie. Anche in questo verticale, una delle ragioni dei successi della tecnologica Albione è rappresentata dal quadro regolamentare più flessibile rispetto agli paesi europei. La Financial Conduct Authority (FCA) gioca infatti anche qui un ruolo chiave nella regolamentazione del settore e favorisce l'innovazione. Anche dall'Europa continentale arrivano esempi di successo come la svizzera Avaloq nel settore Business-to-business o la tedesca Scalable Capital nel direct to consumers.

Focalizzandoci maggiormente sul mercato locale, possiamo osservare come l'Italia presenti interessanti opportunità per le aziende wealthtech. Questo essenzialmente perché l'intero segmento del wealth management è piuttosto sviluppato e cresce in modo stabile da molti anni, sebbene concentrato tra pochi operatori dominanti. Il mercato delle soluzioni di wealth management digitale diretto è rappresentato in Italia da Moneyfarm, roboadvisor partecipato da Poste e Allianz che però, nonostante una crescita stabile, fatica a raggiungere una soglia di rilevanza in un mercato dominato dai player tradizionali.

Tra i fornitori di tecnologia per le banche e le aziende finanziarie il quadro è più articolato. Da un lato ci sono grandi aziende globali come

BlackRock con la piattaforma Aladin wealth o UBS e Amundi che l'hanno seguita con lo stesso modello di business. Dall'altro ci sono fornitori established di soluzioni tecnologiche per la finanza come Prometeia e Objectway che cercano di cavalcare l'onda del wealthtech con nuove soluzioni che spesso vengono offerte in bundle con le piattaforme già in uso presso le istituzioni finanziarie. Va sicuramente citata anche la francese Quantalys, che già da alcuni anni sta cercando di espandersi nel nascente mercato del wealthtech italiano.

La qualità della tecnologia di Wealthype, l'unicità del suo modello ed il crescente interesse verso il settore sono stati confermati nel Febbraio 2023 dall'ingresso di Azimut Direct nella compagine azionaria della società. Tramite la controllata Azimut Enterprises, il gruppo finanziario quotato sul FTSE MIB è così entrato nel mondo del wealthtech acquisendo una quota di minoranza di Wealthype. L'operazione, oltre a costituire un round di investimento utile ad accelerare la crescita anche internazionale della Fintech milanese, rappresenta un momento chiave per l'intero ecosistema. Una grande e consolidata realtà finanziaria ha infatti considerato strategico l'investimento in una wealthtech con l'obiettivo di rivoluzionare il modo in cui i propri consulenti gestiscono le masse della clientela. Una chiara indicazione di come l'innovazione tecnologica ed i servizi Fintech pensati e sviluppati con una logica Fintech siano ormai considerati necessari anche da realtà consolidate e tradizionali. Un'iniezione di fiducia e consapevolezza per l'intero settore, oltre che un passo deciso da parte di Azimut verso un nuovo modo di concepire la consulenza finanziaria.

8.3 MyCreditService ed il difficile equilibrio tra l'approccio conservativo del "Fin" e lo spirito pionieristico del "Tech"

Tra i player italiani attivi nel settore dell' invoice management italiano, MyCreditService si sta mettendo in luce anche per la capacità di migliorare nettamente le performance di incasso dei suoi clienti. Mediamente, infatti, gli utilizzatori della piattaforma registrano un +20% su base annua in questo ambito. Un dato, quest'ultimo, di fondamentale importanza nell'attuale difficile contesto finanziario. Circa il 70% dei fallimenti delle piccole e medie imprese è infatti imputabile ad una cattiva gestione finanziaria, la cui origine è molto spesso il mancato o tardivo pagamento da parte dei clienti. Appare quindi evidente come l'intero settore del finanziamento del capitale circolante -e l'invoice trading in particolare- rivestano un'importanza strategica per la sopravvivenza e la crescita delle piccole aziende.

Tipicamente, una piattaforma di invoice trading è una soluzione che connette imprese con necessità di liquidità immediata ad investitori interessati ad acquistare fatture commerciali, semplificando il tradizionale ciclo finanziario delle imprese, ottimizzando i flussi di cassa e migliorando la liquidità aziendale. Oltre a questo, MyCreditService, offre algoritmi avanzati di valutazione della qualità del credito ed un accesso diretto al mercato degli investitori istituzionali.

Seppur in continua crescita, MyCreditService appartiene a quella categoria di operatori Fintech che non ama i riflettori della ribalta. Per questo motivo, un approfondimento con il suo CEO Enzo Sisti, è risultato utile per capire meglio il posizionamento dell'impresa e per alcune riflessioni sul verticale di riferimento.

Gli ultimi 18 mesi hanno visto la piattaforma focalizzarsi su alcuni aspetti tecnologici come gli algoritmi di valutazione basati sull'intelligenza artificiale e sul machine learning. Al momento però, gli investitori non sembrano particolarmente attratti da queste tematiche e preferiscono concentrarsi su tematiche prettamente finanziarie. Il forte rialzo dei tassi registrato negli ultimi due anni, infatti, ha focalizzato ulteriormente gli investitori sulla necessità di registrare utili a breve, anziché puntare su obiettivi di lungo termine. Questa situazione (che ha avvantaggiato le banche, data la loro facoltà esclusiva di raccogliere capitali a costi non "di mercato") ha messo in difficoltà molti operatori soprattutto nel settore del credito a medio-lungo termine. Nel mondo del breve termine, invece, l'impatto è stato più limitato ma ha comunque evidenziato le divergenze tra le due anime del settore. Gli investimenti nella componente finanziaria, infatti, consentono di sostenere i fatturati e la cassa immediata delle imprese; mentre quelli in tecnologia hanno minori ritorni immediati ma consentono di creare maggior valore per l'impresa in ottica di una exit o di una IPO. In altre parole, generano valore a lungo termine, aspetto da tenere in grande considerazione soprattutto nell'attuale contesto che vede sempre più probabili le exit nel settore Fintech ad opera di società tecnologiche.

Per quanto riguarda la gestione caratteristica, la sfida principale al momento è quella di attrarre capitali sia a livello di equity che di working capital da utilizzare per l'attività core di anticipo delle fatture. Soprattutto per la seconda finalità, va sottolineato come, nonostante le criticità strutturali nel fund raising, il rialzo dei tassi più contenuto rispetto ad altri paesi mantenga indirettamente un interesse relativamente alto verso il settore dell'invoice trading. Al contempo però, gli asset manager italiani sembrano molto poco interessati agli asset illiquidi ed il mondo bancario e assicurativo non investe nella strutturazione di veicoli di investimento necessari a modelli come quello di MyCreditService. In generale, insomma, ad eccezione di alcune operazioni da parte delle due principali banche italiane e di esempi virtuosi come Banca Valsabbina, il mondo della finanza tradizionale sembra disinteressato al verticale in questione. Le motivazioni sono sia culturali che operative: molte banche vedono infatti nel digital lending un soggetto concorrente più che un asset alternativo su cui investire anche con finalità di diversificazione. A ciò si aggiunge la constatazione che il risparmio gestito in Italia sostanzialmente non investe nell'economia reale locale.

Data la situazione contingente, la piattaforma si trova a dover equilibrare le due anime del Fintech. Se l'anima "tech", infatti, spingerebbe verso innovazioni come la tokenizzazione delle fatture, l'uso dei specifiche blockchain e l'adozione sistematica di meccanismi di automazione basati su AI e machine learning, il pragmatismo della componente "Fin" frena. Ne consegue che l'intera organizzazione aziendale sia oggi un difficile equilibrio tra questi due mondi, con ripercussioni sia sulle scelte strategiche che sulla comunicazione. La scelta di investire in tecnologia piuttosto che in nuovi prodotti o nella relazione con gli investitori diventa quindi sia un atteggiamento tattico mosso dalla reattività agli stimoli del mercato sia un aspetto proattivo votato a modulare il futuro dell'impresa. Con un impatto diretto sulle strategie di comunicazione che, come nel caso di MyCreditService, non si focalizzano particolarmente sui risultati commerciali e di raccolta e rischiano di non dare adeguata visibilità all'impresa e, di conseguenza, al settore. Un verticale che beneficerebbe molto di una maggiore visibilità a livello mediatico.

La competizione nell'ambito del finanziamento tramite sconto fatture sembra infatti giocarsi più tra mondo bancario e mondo Fintech che all'interno di quest'ultimo ecosistema. Le motivazioni sono da ricercarsi sia nell'ambito dimensionale (quello del Fintech è ancora troppo sottile per generare una vera competizione interna) sia nella scarsa differenziazione tra gli operatori. Per un'impresa, infatti, è importante trovare oggi una fonte di finanziamento a breve alternativa al canale bancario e la scelta del player Fintech si gioca molto spesso solo sui costi praticati. Il passo successivo e necessario per lo sviluppo del settore è la maggior customizzazione dei servizi ed una radicale ridefinizione dell'offerta. Miglioramenti possibili solo attraverso decisi investimenti nella componente "Tech" con buona pace delle resistenze provenienti dalla placida e conservativa altra metà della mela: la finanza.

8.4 Una chiacchierata con Sergio Zocchi, CEO di October Italia: alla scoperta delle soluzioni all'avanguardia nel digital lending

Fondata in Francia da Olivier Goy nel 2014 con il nome originale di Lendix, October è nata a seguito di una revisione normativa che ha di fatto cassato il monopolio bancario nel settore dei prestiti. L'obiettivo della piattaforma è sempre stato quello di semplificare e democratizzare l'accesso al credito per le piccole e medie imprese che rappresentano una componente essenziale dell'economia europea e hanno spesso difficoltà ad accedere ai finanziamenti attraverso i tradizionali canali bancari. Molti investitori, al contempo, sono sempre più interessati a diversificare i propri investimenti, intervenendo anche direttamente in operazioni promosse da piccole realtà. October si è quindi sviluppata come piattaforma di prestiti per le piccole e medie imprese in cinque paesi europei, ossia Francia, Spagna, Italia, Paesi Bassi e Germania. Fin dagli esordi, la crescita della Fintech francese si è basata sull'uso sistematico dei dati ed ha compiuto significativi investimenti in tecnologia, permettendo alle PMI di avere accesso a metodi di finanziamento più efficienti e creando contemporaneamente una nuova asset class a beneficio di investitori privati ed istituzionali. Nel corso degli anni, October ha esteso le proprie operazioni in diversi mercati europei e guadagnato il sostegno di investitori di peso come Bpifrance e la Banca Europea per gli Investimenti.

Il core business di October è stato per diversi anni esclusivamente il digital lending: tramite la sua piattaforma, piccole e medie imprese possono infatti incontrare investitori interessati ad investire nei loro progetti di crescita e sviluppo. October, dopo aver raccolto digitalmente informazioni circa l'impresa richiedente e le motivazioni che la spingono a cercare nuova finanza, è in grado di concludere la propria analisi finanziaria in poche ore, condividendo l'opportunità di investimento con la propria comunità di investitori. In questo modo le richieste di finanziamento possono essere evase in pochissimi giorni e piccoli e grandi investitori possono allocare risorse in un portafoglio diversificato, bypassando gli intermediari tradizionali ed i loro costi.

Dal 2020, le conseguenze della pandemia hanno modificato profondamente il contesto competitivo del lending: i criteri valutativi esistenti non erano infatti più in grado di fornire risposte attendibili e questo ha comportato un'ulteriore stretta creditizia. October ha reagito concedendo alle imprese finanziate un periodo di sospensione dei piani di ammortamento ed investendo ulteriormente in tecnologia. Contemporaneamente diversi governi europei si sono mossi, facilitando l'accesso alle garanzie pubbliche sui prestiti alle imprese, riducendo il rischio per i soggetti erogatori ed eliminando di fatto uno dei fattori di differenziazione tra banche e digital lender. Anche questi ultimi, infatti, hanno iniziato a far ricorso più o meno sistematico alle garanzie pubbliche al fine di continuare ad erogare. Questo approccio ha certamente pagato: il settore del digital lending è infatti cresciuto dell'80% anno su anno nell'ultimo triennio ed ormai, solo in Italia, oltre 30.000 imprese si sono rivolte a player come October ed Opyn per richiedere un finanziamento. L'attività di October è mutata coerentemente con le nuove condizioni di mercato: da un approccio votato a concludere operazioni di importo significativo (fino a 5 milioni di euro), l'azienda ha abbassato il ticket medio, aumentando il numero di soggetti finanziati e la diversificazione dei proprio portafoglio.

Nel panorama bancario europeo post pandemico, la rapida evoluzione tecnologica ha portato ad una profonda modificazione delle aspettative dei clienti. La digitalizzazione ha infatti accresciuto la domanda di servizi efficienti, rapidi e trasparenti, in particolare nel segmento corporate. In questo contesto, October ha fatto una chiara scelta strategica di posizionamento, sfruttando la propria capacità di adattamento ed il vasto patrimonio di dati accumulati nel corso degli anni, dando quindi vita al progetto October Connect. Questa soluzione tecnologica è stata sviluppata per rispondere alle sfide comuni nel mercato dei prestiti, abilitando terze parti tramite l'embedded lending, il lending as a service o usando gli strumenti tecnologici di October in ottica composable.

Nel corso del tempo quindi, al core business storico della società ovvero l'attività di erogazione di credito alle imprese, si è progressivamente affiancata la focalizzazione sulla fornitura di servizi tecnologici mediante modelli di embedded finance. La vision di October si è quindi evoluta, guardando alla tecnologia come abilitatore di business e mezzo per raggiungere clienti non serviti dal mercato. Il sistematico ricorso all'automazione dei processi e all'uso consapevole dei dati ha creato nuove opportunità scalabili ed ha portato il modello di valutazione del credito creato da October anche in contesti diversi da quello finanziario. Al contempo, l'impianto tecnologico è divenuto anche un asse portante per i processi interni e parte integrante dei criteri decisionali. Oltre ad essere il fulcro della gestione dei canali distributivi, diretti ed indiretti e della user experience per molteplici categorie di utenti.

Coerentemente con il nuovo approccio al mercato, l'azienda ha puntato su nuove partnership strategiche, come quella sottoscritta con l'istituto di pagamento francese Qonto. Quest'ultima, di fatto un'app di servizi finanziari rivolta al mercato delle piccole imprese, dà oggi la possibilità ai propri clienti di ottenere finanziamenti con un solo click e senza fornire alcuna informazione aggiuntiva. La tecnologia di October consente infatti di valutare i soli dati delle transazioni effettuate sul conto Qonto per fornire una risposta immediata ed un' erogazione veloce del finanziamento. Il tutto a vantaggio degli utenti che possono ottenere credito in maniera automatica, veloce e senza dover produrre alcuna documentazione a supporto.

A conclusione di questa disamina sulla rapida trasformazione del modello di October, si apre un interrogativo. Il futuro del digital lending continuerà ad essere legato a doppio filo al comparto finanziario o diventerà invece sempre più un verticale dell'ecosistema tech? In altre parole, l'embedded finance, che sta spostando il baricentro di molti servizi al di fuori del perimetro finanziario propriamente inteso, andrà a stravolgere gli equilibri, dando al Fintech il ruolo di apripista per la conquista della finanza da parte delle società tecnologiche? Guardando a come si stanno muovendo le grandi tech company a stelle e strisce, questo sembra un processo già decisamente avviato e anche nel Fintech italiano sembrano esserci interessanti indicazioni in tal senso. Non resta che attendere gli sviluppi nel prossimo futuro.

8.5 Wearestarting: pionieri dell'equity crowdfunding

Nel mondo dell'equity crowdfunding italiano, Wearestarting sta giocando un ruolo chiave nel supportare idee imprenditoriali di qualità, portandole a mercato e dando loro linfa vitale per la crescita. Secondo il report 2023 sugli emittenti di equity crowdfunding italiani, a cura di BizPlace, infatti, *"la mediana delle osservazioni sui risultati actual dell'EBITDA a tre anni dalla raccolta evidenzia come le emittenti di*

Wearestarting raggiungano in media più frequentemente il break even point rispetto alle emittenti delle altre piattaforme." Poiché il raggiungimento del break even point rappresenta la conferma della bontà sia del progetto imprenditoriale che della scelta di investirci i propri capitali, un breve approfondimento con Carlo Allevi, CEO e founder di Wearestarting può essere utile per capire meglio alcune dinamiche legate al mondo dell'equity crowdfunding.

Per semplificare al massimo, una piattaforma di equity crowdfunding altro non è che un sito dove le imprese possono incontrare potenziali investitori in capitale di rischio. Le piattaforme forniscono quindi uno spazio virtuale dove i risparmiatori possono sostenere progetti e startup, ottenendo in cambio quote di proprietà. Nonostante l'economia italiana si regga in buona parte sulle tante piccole e medie imprese, il settore stenta ancora a decollare a causa di limiti normativi e culturali al suo sviluppo.

Dal punto di vista normativo, infatti, l'Italia ha inizialmente interpretato in maniera particolarmente restrittiva la normativa comunitaria, introducendo diverse limitazioni. L'imposizione di una percentuale minima di partecipazione in ogni operazione da parte di investitori istituzionali, o la limitazione della platea di potenziali offerenti solo a determinate tipologie di società, non sono che due esempi. Va detto comunque che queste limitazioni si sono progressivamente allentate nel corso del tempo, nonostante resti un impianto generale del diritto societario italiano che non facilita la compravendita di partecipazioni. Il settore, infatti, è ancora in attesa del via libera alla dematerializzazione delle quote di Srl presso Monte Titoli che ne semplificherebbe e renderebbe molto meno onerosa la gestione.

La proverbiale scarsa cultura finanziaria dei risparmiatori italiani, unitamente ad un'età media piuttosto avanzata, ha costituito poi un ostacolo culturale allo sviluppo del settore. Inoltre, un verticale ancora relativamente giovane come quello dell'equity crowdfunding è soggetto ad un bias piuttosto tipico per tutte le nuove asset class. E' infatti molto più lampante un eventuale risultato negativo, come il fallimento di una società poco tempo dopo una campagna, rispetto al track record positivo di un intero portafoglio che, richiedendo necessariamente del tempo per potersi assestare, risulta meno evidente ad un occhio inesperto. Ne consegue che il numero di investitori privati attivi nel finanziamento diretto nel capitale di rischio delle imprese non è né particolarmente elevato né in rapida crescita. Anche il mondo della consulenza finanziaria, infatti, non sembra particolarmente interessato a stimolare investimenti nel settore, nonostante performance di mercato di assoluto interesse. Il citato report 2023 a tal proposito recita: *"I multipli sui ricavi attesi ad un anno dalla raccolta si attestano tra il 2,2x (settore Food and Agriculture) e il 7x (settore Fintech). I multipli sull'EBITDA atteso ad un anno dalla raccolta si attestano tra il 6,9x (settore Smart City) e il 26,2x (settore Education)."* Alla luce dei numeri ufficiali, il settore meriterebbe certamente maggior attenzione e potrebbe a buon titolo occupare un proprio spazio all'interno di un portafoglio d'investimento ben diversificato. Con buona pace di Harry Markowitz, però, esistono ancora molte resistenze nella definizione di veri portafogli diversificati ed efficienti. In ultima istanza, esiste anche una sorta di ostilità verso l'innovazione e molti investitori risultano particolarmente restii ad abbracciare nuove forme di investimento.

Un maggior supporto da parte del mondo degli investitori istituzionali potrebbe certamente costituire una soluzione ai limiti citati. Esistono già esempi in tal senso, sia a livello di sostegno verso una specifica piattaforma, sia (è il caso del Fondo Rilancio di CDP) nell'intervento pubblico a favore dell'ecosistema delle start up italiane. Quello che ancora manca è un asset manager che inserisca il settore all'interno di un fondo comune d'investimento capace di raccogliere capitali dal mondo retail e di sdoganarlo anche agli occhi dei semplici risparmiatori. Un cortocircuito in questo modello appare però evidente: la disintermediazione tipica del Fintech andrebbe a scontrarsi con un sistema distributivo ancora fortemente legato al mondo bancario in qualità -appunto- di intermediario.

Al momento in Italia sono comunque diverse le piattaforme attive nell' equity crowdfunding e, come abbiamo visto, un fattore critico per tutte loro è la capacità di attrarre investitori. Alcuni player hanno scelto di affidare la raccolta a partnership istituzionali mentre altre, come Wearestarting, hanno deciso di rimanere indipendenti. In quest'ultimo caso la differenziazione si basa su diversi fattori: la specializzazione in un determinato settore, un elevato livello di servizio (ad esempio nel supporto fiscale o nella scelta di operazioni in linea con le caratteristiche dell'investitore), la reputazione della piattaforma o il suo track record. Peculiarità di Wearestarting e di altre piattaforme indipendenti è la focalizzazione su operazioni di nicchia, talvolta meno appariscenti ma spesso maggiormente legate al mondo della piccolissima imprenditoria locale.

8.6 Sibill, tesoreria e non solo per le microimprese italiane

L'Italia è da sempre considerata la patria delle microimprese. Ovvero di quelle realtà costituite da scarse risorse e pochissimo personale, se non addirittura dal solo imprenditore nella duplice veste di investitore-amministratore. Queste aziende vengono tipicamente indicate come il motore dell'economia tricolore e sono spesso frutto di grandi capacità artigianali, forte motivazione e radicamento al territorio. Oltre ad indubbie virtù, però, le microimprese costituiscono anche un elemento limitante del potenziale economico del paese. Questo a causa di un'oggettiva difficoltà nel reperire risorse per gli investimenti, una ben nota scarsa managerialità e, più in generale, un nanismo che ne rallenta la crescita e che rappresenta un vero e proprio collo di bottiglia per l'intera economia nazionale. A questo si aggiungono problemi esogeni quali un sistema di core banking non all'avanguardia, un'architettura tecnologica open banking ancora lontana dagli esempi provenienti da altri paesi o un sistema di interscambio per la fatturazione elettronica decisamente migliorabile. La scarsa produttività del sistema economico italiano, uno dei principali motivi per cui la nostra economia fatica ad essere competitiva con il resto d'Europa, può essere infatti ricondotta proprio ad una infrastruttura generale poco efficiente. Non sorprende, quindi, che tra i verticali più dinamici e promettenti del Fintech italiano vi sia la gestione efficiente della tesoreria delle PMI. Ovvero una soluzione ad uno dei principali problemi delle piccole imprese e dunque dell'intero sistema paese.

Per meglio comprendere le dinamiche di questo ambito così strategico, abbiamo incontrato Dario Prencipe, Co-founder e Chief Data Officer di Sibill, società che supporta le micro imprese nella gestione della tesoreria. Nata nel 2021, Sibill ha da subito sfruttato due solchi già ben delineati: l'Open Banking che, a livello europeo rappresentava già una tecnologia matura sebbene non sempre perfettamente performante, e la fatturazione elettronica, peculiarità tutta italiana. Le imprese della penisola quindi, avevano ed hanno la possibilità di raccogliere e gestire dati da più fonti, ne sono un esempio il software di fatturazione e le banche, ma faticano a ricavare valore da essi. Questo proprio a causa di processi lenti e obsoleti: pagamenti, riconciliazioni, previsionali di cassa vengono infatti molto spesso gestiti manualmente e separatamente tra loro. Obbligando l'imprenditore ad allocare personale in attività dallo scarso valore aggiunto con un conseguente aggravio di costi senza alcun vantaggio. Il perfetto mix tra buona volontà e scarsa organizzazione, che crea inesorabilmente inefficienza. L'obiettivo di Sibill, ed in generale degli operatori del settore, è quello di accentrare in un'unica piattaforma cloud collaborativa l'intero ciclo finanziario delle imprese. Un'evoluzione culturale tanto importante quanto logica: tesoreria, pagamenti, prima nota, scritture contabili e bilanci condividono infatti gli stessi dati.

Appare evidente come le piattaforme di gestione della tesoreria si rivolgano tanto alle piccole imprese quanto ai commercialisti, principali e spesso unici consulenti finanziari delle aziende. Per questi professionisti l'impatto è addirittura superiore in quanto la loro attività di riconciliazione si è complicata negli anni a causa del sempre maggior numero di controparti da verificare: basti pensare al numero di strumenti di pagamento usati normalmente dalle imprese per incassare le proprie spettanze. Le piattaforme di gestione della tesoreria semplificano quindi la vita dei commercialisti e costituiscono un vero e proprio ponte tra l'innovazione tecnologica ed il mondo delle professioni storiche, dando vita ad una combinazione di grande potenziale.

Se il mondo dei professionisti sembra aver compreso i vantaggi derivanti dall'innovazione tecnologica, molto resta ancora da fare in materia di snellimento operativo. Nel nostro paese, infatti, alcuni aspetti che all'estero sono ormai delle commodity rappresentano ancora delle criticità. I player Fintech sono pertanto obbligati ad effettuare ingenti investimenti per creare infrastrutture in-house e non dover necessariamente rivolgersi ad operatori legacy spesso costosi ed inefficienti. Accedere al mondo dei servizi digitali per l'impresa rappresenta quindi una vera e propria sfida per i nuovi operatori e questo disincentiva significativamente gli investimenti. Da un certo punto di vista queste barriere all'ingresso possono rappresentare un vantaggio per chi è già attivo sul mercato ma guardare alle inefficienze di mercato pro domo sua non è nelle corde di un imprenditore Fintech. L'innovazione richiede infatti un approccio più pragmatico e la ferrea volontà di far accadere le cose. Proprio la dicotomia tra una logica *get things done*, tanto cara alla new economy ed una certa plutocrazia imperante nel settore dei servizi in Italia, rappresenta una sfida per il paese. Non è un caso che gli esempi di maggior successo del verticale vengano dalla Francia (tra le varie possiamo citare Agicap e Pennylane), ossia da un paese dove il capo del governo si è speso fin dal suo insediamento per fare dei cugini d'oltrAlpe il paese delle start up a livello continentale.

Anche dal punto di vista regolamentare persistono rigidità che complicano la vita a chi intende dare supporto alle imprese. Per fare un solo esempio di viscosità non necessaria, si pensi all'obbligo di redazione del KYC e del questionario antiriciclaggio per chi intenda richiedere un consenso di aggregazione ai sensi della PSD2 (i citati servizi AIS), anche solo per una demo o uno studio preliminare. Un vero e proprio cortocircuito che complica apparentemente senza motivo la vita alle imprese, ancor più evidente se si pensa che lo stesso obbligo non si applica a chi volesse invece avviare un pagamento (attività che chiaramente comporta ben più rischi di riciclaggio). Ancora una volta, appare necessario un deciso cambio di passo a livello legislativo per non rallentare lo sviluppo non solo del settore Fintech ma dell'intera economia italiana.

8.7 Le piattaforme di supporto alla modernizzazione ed alla digitalizzazione del settore finanziario, il caso Mia-Fintech

Come abbiamo già avuto modo di constatare, il mondo finanziario è in grande fermento a causa della fortissima spinta innovativa cui il Fintech ha dato impulso. Nuove tecnologie e nuovi use case si affacciano sul mercato con cadenza continua e per gli operatori storici non è facile restare aggiornati, sia da un punto di vista culturale che tecnico. La compatibilità tra le tecnologie legacy che normalmente supportano le grandi realtà ed i servizi più recenti non è infatti sempre scontata. Molti incumbent sia bancari che non, rischiano quindi di perdere competitività e quote di mercato a vantaggio di nuovi operatori. Al contempo, per molti nuovi player, non è semplice integrare le proprie soluzioni con le realtà più consolidate. Le principali conseguenze di queste viscosità sono un progressivo allargamento del gap tecnologico tra nuovi e vecchi operatori e scarsi ritorni economici per molte Fintech focalizzate sul B2B che faticano a chiudere contratti. Per risolvere questa stagnazione esistono piattaforme specializzate proprio nella semplificazione dei processi tecnologici e nel supporto alla transizione digitale. Una di esse, particolarmente significativa visti l'importante trend di crescita e l'ampio ventaglio di soluzioni disponibili, è la milanese Mia-Fintech. Grazie alla disponibilità del CEO Bruno Natoli, possiamo tracciare un'epitome sia della loro attività specifica sia dell'intero verticale.

Mia-Fintech è una startup lanciata a gennaio 2022 e nata dall'esperienza maturata dalla tech company specializzata nel settore bancario e finanziario Mia-Platform. Semplificando al massimo, la sua piattaforma cloud-native abilita imprese di varia natura a sviluppare ed erogare servizi finanziari digitali, oltre che ad evolvere verso l'open finance. Inoltre, l'obiettivo dichiarato nella mission aziendale *"Evolve your bank in a modern Fintech company"*, è quello di colmare il gap tra la banca tradizionale e la moderna banca digitale omnicanale. In altre parole, il settore mira a dare una risposta tecnologica a banche ed imprese non finanziarie alle prese con tre grandi sfide dell'attuale contesto: la modernizzazione dei processi ed il passaggio al cloud, l'adeguamento delle propria offerta con nuovi modelli di servizio e nuovi use cases e l'integrazione di servizi finanziari in altre industry in ottica embedded finance.

Queste tre esigenze vedono come denominatore comune la necessità di spostare il baricentro della propria attività verso un approccio integrato e multicanale dove ai servizi core si possano aggiungere nuove soluzioni modulari. Il tutto rendendo più efficienti i processi interni e l'interazione con l'esterno, dai fornitori agli utenti.

La rivoluzione digitale in corso ha cambiato infatti non solo le modalità con cui gli utenti si pongono verso i servizi offerti dalle aziende, ma anche e soprattutto come le stesse aziende si interfacciano verso utenti e partner esterni.

Tecnologie come il cloud e le API possono apparire concetti datati ma non è scontato che tutti gli operatori li abbiano adottati completamente. Sono però di fondamentale importanza strategica per competere nel mercato odierno, anche perchè i moderni servizi as-a-service e l'embedded finance richiedono necessariamente questo approccio. Saas e Baas, infatti, prevedono che il fornitore metta i propri servizi a disposizione del cliente proprio in cloud mentre generalmente i servizi basati su Open Banking ed Open Finance prevedono che i flussi di dati vengano scambiati tramite API.

Nel macrocosmo finanziario, il mondo bancario ha già dovuto affrontare un'ondata di digitalizzazione con l'entrata in vigore della PSD2, ma molto lavoro resta ancora da fare. Recentemente anche le compagnie assicurative hanno iniziato a mettere in atto piani di digitalizzazione ed il gap tra domanda ed offerta di servizi digitali sta iniziando lentamente a ridursi. In questo contesto, il modello di collaborazione tra banche e compagnie assicurative, comunemente conosciuto come Bancassicurazione, si propone come una delle principali opportunità per far fronte alla rapida digitalizzazione del settore finanziario.

Per quanto attiene alle società non finanziarie, i livelli di digitalizzazione sono molto irregolari ma restano spesso molto al di sotto del livello necessario per competere globalmente.

In generale quindi, piattaforme come Mia-Fintech, forniscono agli operatori finanziari l'opportunità di collaborazioni reciproche con un approccio B2B2C. Resta poi tutto il mondo "non bancario" sempre più orientato all'integrazione di servizi quali lo smart lending o l'aggregazione di dati per la gestione di servizi PFM e BFM.

Oltre ad un supporto alla modernizzazione ed alla fornitura di servizi tecnologici, gli operatori del verticale in esame, stanno spingendo sempre più player a ripensare ai propri prodotti finanziari (o alla loro distribuzione) partendo dalla tecnologia. In altre parole, sempre basandoci sulla definizione di Fintech ipotizzata all'inizio di questo lavoro, stanno rendendo Fintech strumenti finanziari preesistenti.

Da un punto di vista specificatamente tecnico, il concetto di "approccio di piattaforma", noto anche come *Platform Company* o *Composable Enterprise*, può essere approfondito su tre livelli distinti. A livello di business è sempre più evidente l'opportunità offerta dalle API come elemento centrale d'integrazione, le API sono infatti la soluzione per integrare dati provenienti da molteplici fonti al fine di abilitare prodotti e servizi.

Adottando un approccio a piattaforma digitale "open", le aziende sono in grado di pensare in termini di *API as a Product*, trattando le API come veri e propri prodotti di business capaci di generare valore per l'azienda ed i suoi clienti.

A livello operativo è sempre più tipico stabilire una strategia per gestire in modo centralizzato la governance ed il ciclo di vita delle API. Ciò può avvenire tramite l'introduzione di uno strumento che gestisca tutte le fasi in modo organico, semplice e sicuro, garantendo una collaborazione fra il business ed i team IT. Il cambio di paradigma diventa quindi evidente, con la tecnologia vista come vero e proprio fattore abilitante e di traino rispetto ai prodotti. Diventa dunque fondamentale la massima modularità dei dati, che devono essere sempre disponibili ed in tempo reale.

La trasformazione digitale supportata dalle piattaforme, permette dunque alle imprese di integrare ed integrarsi in modo facile e veloce, condividendo informazioni in modo standardizzato e ottimizzando la profilazione dell'utente. In estrema sintesi, la tecnologia consente ad un'impresa di costruire la propria offerta in maniera modulare, andando ad integrare i "mattoncini" messi a disposizione da soggetti terzi, tipicamente Fintech, e creando offerte generaliste ed eterogenee che vanno a superare la specializzazione verticale tipica del settore.

L'idea di costruire da zero una banca utilizzando componenti preesistenti forniti da terzi ormai non è più un'utopia. Oggi infatti è possibile aggregare soluzioni tramite API mantenendo un'esperienza utente coerente e organica. Questo approccio consente alle imprese di concentrarsi sul proprio core business, delegando a terzi ogni attività ancillare.

8.8 Pagamenti digitali: verso un mondo senza contanti

Il settore dei pagamenti digitali sta vivendo una rivoluzione senza precedenti in tutto il mondo grazie ad una serie di nuove tecnologie ed operatori specializzati che stanno trasformando radicalmente il modo di inviare e ricevere denaro. L'eterogeneità e la complessità di questo verticale rendono particolarmente importante un approfondimento ad hoc con uno specialista del settore. In nostro aiuto è venuto Filippo Bergamin, fondatore di DoubleP, giovanissima società attiva nella consulenza proprio nel settore dei pagamenti digitali.

Per comprendere un fenomeno dall'enorme impatto sulla quotidianità, ma spesso sottovalutato come quello dei pagamenti digitali, è opportuno iniziare facendo qualche semplice calcolo:

Nel 2022 in Italia sono stati effettuati pagamenti in forma digitale per un valore totale di 397 miliardi, ovvero di più di un miliardo di pagamenti al giorno effettuati con modalità diverse dal contante. Sempre nel 2022 lo scontrino medio dei pagamenti in forma digitale è stato di 47,50 Euro, per un totale di 8,357 miliardi di transazioni processate. Nello stesso anno la popolazione italiana di età superiore ai quattordici anni era di 51,5 Milioni di persone, ne consegue che nel 2022 si è registrata nel nostro paese una media di 162 pagamenti all'anno pro capite. Questo significa un pagamento digitale ogni due giorni per ogni italiano: un dato estremamente significativo ma forse non adeguatamente compreso dai non addetti ai lavori. In effetti, facciamo frequentemente pagamenti digitali ma spesso inconsapevolmente. Si tratta di un fenomeno che impatta le nostre vite più di quanto ce ne si renda conto e che quindi meriterebbe di essere meglio compreso anche dai non addetti ai lavori. Per traslato, tutti guardiamo lo sport in televisione ma solo un Italiano su cinque ha la stessa costanza nel praticarlo. Insomma, paghiamo (digitalmente) più di quanto ci alleniamo. Eppure di sport ne parlano tutti, e chiunque conosce i grandi giocatori e le regole di ogni disciplina. Di pagamenti digitali invece non si parla quasi mai se non per qualche sterile polemica politica. Inoltre normalmente ignoriamo chi siano i grandi player e sappiamo ben poco delle regole di questo mercato.

Ovviamente, non è pensabile che il mondo dei pagamenti possa far appassionare come una finale dei mondiali ma è importante conoscere quali siano le dinamiche di base di questo mercato in modo da familiarizzare con delle azioni che sono diventate per noi molto frequenti.

Per provare ad addentrarci in questa tematica, andremo ad analizzare i tre metodi di pagamento digitali più utilizzati (le carte, i portafogli digitali o wallet ed i metodi alternativi) dal punto di vista di Luca, un ragazzo interessato ad acquistare un paio di scarpe presso un negozio che chiameremo SportPerTutti. Luca ed il negozio rappresenteranno quindi rispettivamente il pagatore e l'accettatore dei pagamenti digitali in analisi.

Le carte di pagamento sono la modalità di pagamento digitale più consolidata ed anche più datata. Correva infatti il 1950 quando Frank MacNamara, dopo essersi ritrovato al ristorante senza portafoglio, ebbe l'intuizione che dette vita al primo sistema di credito basato su carta. Da questo evento ha preso curiosamente il nome il primo circuito di carte al mondo: Diners.
Diners in pochi anni raggiunse anche l'Italia, precisamente nel 1958. Dovettero trascorrere altri diciotto anni per vedere i primi circuiti di carte di pagamento completamente Italiani. Nel 1986 infatti, fecero l'esordio con le prime carte e con i primi lettori di bande magnetiche i servizi Bancomat (nato tre anni prima come circuito per prelievo contanti) e SI (Servizi Interbancari). Oggi, a distanza di quasi quarant'anni, queste due realtà rappresentano ancora le maggiori realtà italiane del settore. Dati ufficiali affermano che nel 2023

risultavano attive 31,6 milioni di carte emesse dal consorzio Pagomancomat e circa 41 milioni emesse dalla vecchia SI, divenuta nel tempo prima Cartasì, e quindi NEXI. Da questo breve excursus storico si evince come il metodo di pagamento più utilizzato a livello nazionale (e non solo) sia ancora basato su modelli e tecnologie nati oltre settant'anni fa. Un modello, quello delle carte di pagamento, che vede quattro attori principali:

- Il titolare: il consumatore che utilizza la carta di pagamento. Nel nostro esempio il titolare è Luca, che utilizza la sua carta di credito o debito per pagare il proprio acquisto..

- l'esercente: il soggetto che vende beni o servizi e accetta pagamenti tramite carta. Nel nostro esempio, SportperTutti è l'esercente presso il quale Luca fa i suoi acquisti.

- l'emittente (issuer): l'istituzione finanziaria, tipicamente una banca, che emette la carta ad un cliente (nel nostro caso Luca). I principali issuer in Italia sono Intesa Sanpaolo e Unicredit, in quanto maggiori banche retail nazionali.

- l'acquisitore (acquirer): l'istituzione finanziaria che fornisce i servizi di elaborazione dei pagamenti all'esercente, consentendogli di accettare le transazioni con carta. Nel nostro caso l'acquirer è l'istituzione finanziaria che ha un accordo con SportperTutti.

I circuiti, come i noti Bancomat, Visa, Mastercard o Nexi, hanno il compito di mettere in comunicazione le parti e di gestire i rapporti tra le migliaia di issuer e acquirer presenti sul mercato. Sarebbe infatti impossibile pensare di mettere in reciproco contatto emittenti ed acquisitori in occasione di ogni singola transazione.

In Italia, la vulgata comune prevede che con il termine "carta di credito" si intenda una qualsiasi carta di pagamento presente sul mercato. Questo adattamento del nostro linguaggio limita la comprensione della natura dei vari tipi di carte: esistono infatti carte di credito, carte di debito e carte prepagate, ma spesso se ne ignorano le peculiarità. Per comprendere tali differenze, è necessario individuare i due passaggi fondamentali di ogni pagamento: il momento fisico del pagamento e il quello dell'addebito sul conto corrente. Tornando all'esempio di Luca, essi corrispondono a quando Luca paga presso SportPerTutti ed al momento in cui sul suo estratto conto apparirà il corrispondente "segno meno".

La differenza risiede, quindi, nel rapporto temporale tra questi due passaggi essenziali. Per le carte di credito, l'addebito sul conto è posticipato rispetto al pagamento fisico. In altre parole: pago adesso, ma il mio pagamento verrà addebitato il mese prossimo. Nel caso della carta di debito invece, l'addebito avviene contemporaneamente al pagamento. Insomma: pago adesso ed il mio pagamento viene addebitato adesso.

Con le carte prepagate, l'addebito è addirittura antecedente al pagamento. Ovvero: pago adesso, ma il mio pagamento era stato già addebitato al momento della ricarica della carta prepagata.

Sebbene appaia un modello poco vantaggioso per i consumatori, il numero delle carte prepagate attive in Italia si attesta attualmente sopra quota 30 milioni, ovvero una prepagata ogni due persone, neonati inclusi. Al di fuori dei confini nazionali, invece, le carte prepagate hanno avuto decisamente meno fortuna tant'è che spesso questo verticale, che raramente arriva ad interessare il 10% della popolazione, viene genericamente ricompreso nella categoria "carte di debito". Due le possibili spiegazioni a questa differenza. La prima è riconducibile ai timori sulla sicurezza delle transazioni esistenti tra la popolazione. In Italia, infatti, la fiducia nel mondo dei pagamenti elettronici non è particolarmente elevata. Di conseguenza molte persone prediligono le carte prepagate poiché esse consentono di limitare l'importo di una potenziale truffa. L'avvento e la crescita degli e-commerce e delle transazioni effettuate sul web, hanno sollevato nuovi dubbi sulla sicurezza e le carte prepagate hanno quindi rappresentato una soluzione a questa problematica. La seconda spiegazione è invece costituita da Postepay. Postepay nasce come circuito di pagamento prepagato emesso da Poste Italiane. La forte fiducia che l'ecosistema Poste ha sempre riscosso sul mercato, insieme alla capillare distribuzione degli uffici postali sul territorio nazionale, gli hanno permesso quindi una rapida diffusione. Per anni, infatti giovani e meno giovani, prima di effettuare un acquisto on line, si sono recati presso l'ufficio postale più vicino per ricaricare in contanti la propria carta.

Il modello a quattro parti visto con le carte di credito è anche il paradigma alla base di soluzioni di pagamento più recenti ed alla moda. Infatti, la tecnologia contactless sfrutta esattamente i meccanismi visti in precedenza e le sue evoluzioni come ApplePay, GooglePay e SamsungPay semplicemente sostituiscono il supporto "di plastica" delle carte con uno smartphone. Di fatto, però, essi sono dei modi diversi di attivare lo stesso identico modello: il modello a quattro parti. Un uovo di Colombo alla base dei maggiori successi commerciali che il mercato delle carte ha visto emergere nell'ultimo decennio. I pagamenti effettuati avvicinando una carta o un device ad un lettore, hanno infatti superato nel 2022 il 78% del totale dei pagamenti con carta. Questo successo è dovuto principalmente ai citati servizi di pagamento commercializzati da colossi tech come Apple, Samsung o Google.

Nonostante negli ultimi anni si siano moltiplicate nuove soluzioni di pagamento, le carte restano la principale alternativa al contante e non mancano investimenti ed innovazione. Il trend più maturo in questo senso è lo sviluppo del SoftPos, ovvero l'uso dello smartphone anche lato esercente. Sempre più istituti finanziari infatti, stanno iniziando ad offrire la possibilità ai propri clienti business di accettare pagamenti tramite smartphone, grazie alla tecnologia NFC presente ormai nella maggior parte dei telefoni in circolazione.
Oltre a questo, Visa, Mastercard e American Express stanno muovendosi con decisione verso strumenti alternativi quali wallet, pagamenti account-to-account, valute digitali e molto altro. I grandi

protagonisti del circuito carte stanno di fatto mantenendo un approccio ibrido: da una parte continuano a stimolare le tradizionali transazioni che garantiscono loro lauti utili, mentre dall'altro guardano con attenzione ai nuovi trend. Una strategia, quest'ultima, utilissima per lo sviluppo di start up nel settore: i grandi player rappresentano infatti un osservatore interessato per eventuali acquisizioni ed uno stimolo per imprenditori, startupper e VC.

Vista la maturità del mondo dei pagamenti tradizionali, che ancora mantiene salde le proprie quote di mercato e riesce a soddisfare la stragrande maggioranza delle esigenze degli operatori economici, è ragionevole chiedersi perché si investa in strumenti alternativi. Le ragioni sono essenzialmente due e toccano gli aspetti cruciali dei sistemi di pagamento: la sicurezza ed i costi. Le transazioni tradizionali richiedono infatti una complessa serie di passaggi obbligati e, di conseguenza, una moltitudine di connessioni, contratti (detti in gergo rulebook) ed interazioni tra le parti. Appare evidente come un'organizzazione tanto complessa sia intrinsecamente costosa da mantenere e facile preda di hacker e truffatori. Per tutelare gli utenti dai rischi di truffa, gli emittenti hanno implementato sistemi di sicurezza che da un lato salvaguardano le transazioni ma dall'altro le rendono ancor più macchinose e dispendiose. Si pensi al noto *3d secure* ed a quanto spesso esso limiti o addirittura impedisca l'esecuzione di transazioni genuine. Questo genera frustrazione negli utenti ed un aumento generalizzato delle commissioni, in quanto un'operazione avviata ma non conclusa genera costi che andranno necessariamente scaricati sulle transazioni andate a buon fine. E' superfluo dire che ad alti costi di gestione per i circuiti corrispondono alti costi per l'esercente finale.

Sebbene l'Italia sia tra i paesi con le commissioni per i pagamenti con carta più basse d'Europa, esse possono comunque arrivare all'1-2% dell'importo transato per i piccoli esercenti. Mentre i grandi merchant, grazie ad un forte potere contrattuale, mediamente non superano l'1%. In altri mercati, il costo di accettazione per le carte può arrivare addirittura al 3-5% dell'importo del pagamento. E' evidente che ci siano margini di miglioramento.

Proprio per ovviare a queste lacune del mondo delle carte arrivano le tecnologie più dirompenti degli ultimi anni: i wallet, i pagamenti da conto a conto ed il già citato "buy now, pay later".

I wallet nascono per rispondere ad uno dei principali limiti del mondo carte: la fiducia. Essi si inseriscono tra la banca del soggetto pagatore e quella dell'esercente, con la conseguenza che l'effettiva transazione avviene tra il wallet del cliente ed il wallet del merchant. Con questo processo è possibile avere un controllo totale della transazione e, grazie alla riduzione del numero di soggetti coinvolti, abbassare i costi ad essa connessi. Per esemplificare, si prenda il più conosciuto tra i vari portafogli digitali presenti sul mercato: Satispay. Per utilizzare i suoi servizi, gli utenti devono aprire un account/conto dove versare un determinato importo, a disposizione per pagamenti futuri. Allo stesso modo, i merchant sono chiamati ad aprire un proprio account dove riceveranno i pagamenti provenienti dalla clientela e da dove successivamente tali somme verranno girate su un loro conto bancario. Le transazioni avvengono quindi direttamente tra account interni e non sono più necessari i complessi passaggi richiesti dai circuiti interbancari. Questo efficientamento di processo consente a Satispay di offrire tariffe significativamente più basse rispetto a quelle relative alle transazioni con carta. Lo stesso avviene anche per altre realtà, come PayPal che, con oltre dieci milioni di utenti locali attivi (ovvero più di un Italiano maggiorenne su cinque) è un fenomeno globale molto presente nel nostro paese. Interessanti sono anche i casi di Alipay e Wechat, monopolisti de facto tra le comunità cinesi nelle nostre città, nonché punto di riferimento tecnologico ai quali molti wallet occidentali si stanno ispirando. Tra le peculiarità più interessanti dei due modelli asiatici vi è sicuramente il concetto di *SuperAPP*. Con questo termine ci si riferisce ad un'applicazione che offre una vasta gamma di servizi, sia finanziari che non, all'interno di una singola piattaforma. Queste app sono progettate per essere un "one-stop-shop" per gli utenti ed offrono funzionalità che vanno dai pagamenti e trasferimenti di denaro alla gestione di investimenti, assicurazioni e persino servizi al dettaglio come lo shopping, le prenotazioni viaggio od i programmi fedeltà. L'idea di fondo è quella di semplificare la vita degli utenti, consentendo loro di gestire diversi aspetti della propria quotidianità finanziaria attraverso un'unica interfaccia. Vista la loro natura, queste piattaforme sono in grado di raccogliere grandi quantità di dati sugli utenti, che possono essere utilizzati per personalizzare i servizi e migliorare l'esperienza utente. Al contempo, però, tali dati possono anche essere utilizzati per finalità meno nobili, ed il fatto che si siano sviluppate principalmente in Cina, non fa che confermare questi timori.

Oltre i wallet, esistono altre due tecnologie capaci di rappresentare una effettiva alternativa ai pagamenti con carta: il già citato buy now pay later (BNPL) e le soluzioni account to account (anche note con l'acronimo A2A). Mentre il BNPL rappresenta un ibrido tra il credito al consumo ed un metodo di pagamento, l'approccio A2A altro non è che un'evoluzione dei classici bonifici bancari resi più semplici, veloci e sicuri. Tipicamente, infatti, avviare un bonifico significa accedere al proprio home banking, inserire una serie di informazioni quali importo, causale, IBAN e nominativo del beneficiario, e quindi confermare l'operazione utilizzando i vari sistemi di autenticazione. Per i merchant, invece, incassare mediante bonifico significa dover attendere fino a cinque giorni lavorativi per la conferma dell'accredito prima di poter confermare un ordine. Appare quindi evidente come i tradizionali bonifici bancari non siano assolutamente al passo con l'esperienza utente tipica del commercio digitale. Qui entrano in campo le soluzioni A2A con il loro iter semplificato. Al momento di effettuare la transazione, il cliente riceve un link che lo guida nella scelta della banca con la quale pagare e lo indirizza all'home banking dove dovrà semplicemente confermare il bonifico senza dover inserire alcun ulteriore dato. Tutte le informazioni sulla transazione saranno prevalorizzate in automatico, garantendo così la massima semplicità di riconciliazione e la totale assenza di errori di compilazione. La conferma del buon esito della transazione arriverà al merchant in tempo reale, consentendo quindi un'immediata esecuzione dell'ordine.

Dal punto di vista tecnologico, esistono essenzialmente due canali di comunicazione tra i fornitori di servizi account to account e banche: l'open banking e specifici circuiti costituiti ad hoc. Emblematica, per quest'ultima casistica, è l'italiana MyBank, che nel 2022 ha processato volumi per oltre dieci miliardi e che conta collaborazioni con aziende quali Enel, Trenitalia, Eon, Q8 e tante altre. Le soluzioni basate sull'open banking utilizzano invece le API bancarie ai sensi della già citata normativa PSD2. Per gli utenti l'esperienza è molto simile, ma cambia la tecnologia utilizzata. Proprio il livello tecnologico non ancora adeguato alle esigenze del mercato rappresenta il principale ostacolo alla diffusione di queste soluzioni che, almeno in Italia, faticano a ritagliarsi uno spazio adeguato.

A far da contraltare alle difficoltà del comparto account to account, risalta la costante rapida crescita del BNPL. Un successo derivante dalla capacità di rispondere efficacemente a due bisogni del mercato: le difficoltà di accesso al credito per determinate fasce della popolazione (come i giovani) ed i costi di gestione del credito tradizionale (in particolar modo della carte revolving). Con un solo click, gli acquirenti possono accedere ad un credito finalizzato a breve termine (normalmente non si superano i dodici mesi) estremamente economico e facilissimo da ottenere. Società come Klarna o ScalaPay riescono quindi ad intercettare una importante fetta di consumatori attratti dalla possibilità di rateizzare i propri acquisti in maniera semplice, economica e veloce. Al contempo ottengono il favore degli esercenti che si vedono comunque riconoscere immediatamente l'intero importo della transazione. Inoltre, è dimostrato che il BNPL aumenta anche la propensione alla spesa degli utenti. Al contempo, però, questo verticale suscita alcune perplessità in quanto va a stimolare la tendenza all'indebitamento di un'utenza tendenzialmente mass market, spesso per spese voluttuarie. Comunque la si voglia vedere, il BNPL rappresenta ormai una vera e propria nuova abitudine di consumo, e l'Osservatorio del Politecnico di Milano stima in 14,5 miliardi i volumi annui del comparto entro il 2025.

8.9 Italia Fintech e le associazioni : no company is an island

A chiusura di questa breve digressione su alcuni esempi di player Fintech attivi nel nostro paese, non si può non notare come, nonostante l'eterogeneità dei modelli e servizi proposti, le Fintech condividano molti aspetti peculiari. Ad esempio, la necessità di interloquire costantemente con le autorità di regolamentazione al fine di contribuire a rendere il corpus normativo italiano adeguato a recepire le novità in arrivo dal mercato. Oppure, l'importanza di fare fronte comune per acquisire il peso necessario per far sentire la voce del settore. Per queste ed altre finalità, un crescente numero di imprese aderisce alla principale associazione del settore: Italia Fintech. Nata nel (per il settore di riferimento, lontanissimo) 2018, con l'iniziale obiettivo di promuovere le soluzioni Fintech presso gli utenti, oggi l'associazione rappresenta un punto di riferimento sia per i suoi membri che per le istituzioni. In seno ad Italia Fintech sono nati specifici gruppi di lavoro e si sono sviluppate attività di collaborazione, lobbying e advocacy anche di rilievo internazionale.

Va notato come, grazie al lavoro di una moltitudine di piccole imprese a livello globale, il Fintech abbia in pochi anni raggiunto un livello di autorevolezza inimmaginabile soltanto un lustro fa. Dall'essere un ambito pionieristico, dove pochi visionari scommettevano su una rivoluzione capace di sovvertire gli equilibri del compassato ed autoreferenziale mondo finanziario, oggi il Fintech è divenuto un dato di fatto. Un vero e proprio settore industriale con cui l'intero ecosistema economico deve confrontarsi. Un verticale che ha saputo allargare il proprio perimetro di competenza andando a creare subverticali quali -tra gli altri- il techfin, il regtech, il proptech oltre al già citato insurtech. Inoltre, il Fintech ha saputo resistere anche alla tempesta perfetta del 2022, quando il contesto economico globale ha bruscamente interrotto il supporto al settore, raffreddando gli entusiasmi, mietendo qualche vittima e impattando sull'occupazione nel settore e sui piani di sviluppo. Proprio la capacità di creare sinergie, oltre al valore che le imprese del settore sanno creare, ha consentito alla barca di non affondare, andando anzi ad estendere ulteriormente la rete di contatti e gli spazi di crescita. Oggi più che in passato, infatti, sono evidenti le relazioni intercorrenti tra player Fintech e società non finanziarie.

Un interessante termometro per valutare l'appetibilità del settore è quello dei processi di acquisizione ed integrazione di società Fintech da parte di soggetti non direttamente concorrenti delle loro target. Se una banca, ad esempio, si dimostrasse interessata ad integrare un digital lender o una società di robo advisory, le motivazioni potrebbero anche semplicemente fondarsi sulla volontà di eliminare un competitor, acquisendone clienti, know how e posizionamento. Quando invece l'interesse si concentra sulla tecnologia sviluppata, significa che la focalizzazione è rivolta alla capacità di creare un valore diverso da quello preesistente e quindi con un potenziale di scalabilità ben superiore. In quest'ottica, il verificarsi di exit lato tecnologia, ovvero alla cessione della componente tech creata dalla Fintech -soprattutto se ad opera di big tech internazionali-, avrà ricadute doppiamente positive sul settore. In primis, questo contribuirà a rialzare le valutazioni di settore, allontanando lo spettro -più paventato dai giornali che reale- di una sorta di lungo inverno del mercato dei capitali. Inoltre, e ancor più importante, sarà il segnale che il mondo finanziario avrà definitivamente superato le limitazioni imposte dal concetto stesso di banca. Per quale motivo, infatti, gli utenti dovranno continuare a rivolgersi alle banche quando saranno disponibili soluzioni più economiche, performanti e avanzate, già integrate in servizi tecnologici di uso quotidiano? Tutto ciò esiste già oggi con la citata embedded finance ma in futuro davvero potrà rappresentare la dimostrazione che la celebre profezia di Bill Gates del 1990 -*banking is necessary, banks are not*- fosse tanto lungimirante quanto azzeccata.

In conclusione, la capacità di fare gruppo è stata e continua ad essere una caratteristica vincente del settore e l'associazionismo -anche inteso come mezzo per raggiungere credibilità e visibilità ad ogni livello- in questo ambito può davvero continuare a rappresentare un asset fondamentale per delineare il futuro dei servizi finanziari.

8.10 La trappola dei sogni digitali: i fallimenti nel mondo Fintech

Il mondo dei servizi finanziari è stato trasformato dalla tecnologia negli ultimi decenni, e il settore Fintech è stato all'avanguardia di questa rivoluzione. La crescita generale del settore ed il successo riscontrato da molte iniziative capaci di far diventare velocemente ricchi e famosi i loro fondatori, ha reso particolarmente attrattiva l'idea di fondare una propria Fintech. Inoltre, il relativamente facile -almeno sino al 2022- accesso al capitale, ha contribuito ulteriormente a stimolare il sorgere di iniziative imprenditoriali nel settore. Il percorso verso l'innovazione finanziaria non è però privo di ostacoli come non lo è il cammino verso il successo imprenditoriale, e molte aziende Fintech si sono scontrate con questa dura realtà, nonostante la competenza del team, il valore del loro progetto e la serietà dimostrata nella execution. Talvolta tutti questi ingredienti non sembrano bastare per superare le insidie del mercato che ciclicamente si ripropongono costituendo trappole per i giovani imprenditori e le loro creature. Esistono infatti alcuni errori comuni che hanno portato a significativi fallimenti. Questo capitolo vuole riportare alcune lezioni apprese dai fallimenti nel mondo Fintech e come questi errori abbiano contribuito a plasmare l'industria.

Il troppo entusiasmo

Molte aziende Fintech sono nate da un entusiasmo incontenibile per l'innovazione e il desiderio di rivoluzionare il settore finanziario. Mentre la passione è una forza trainante importante, l'entusiasmo smisurato può portare ad un ottimismo irrealistico. Molte imprese Fintech hanno sottovalutato le sfide tecniche, regolamentari e di adozione da parte dei consumatori. Non è raro, anzi è prassi comune per le Fintech, lanciare annunci roboanti infarciti di hashtag come: innovazione, disruptive, best-in-class, eccetera. Questa modalità di comunicazione, per quanto efficace nel catturare l'attenzione dei lettori, cela però un eccesso di confidenza che può rivelarsi fatale. Anche la troppa enfasi sui round di investimento chiusi rischia di essere un boomerang: raccogliere capitale è infatti essenziale ma un'azienda si sostiene sui clienti paganti. Negli scorsi anni si è assistito ad una corsa all'annuncio e ad un'estrema focalizzazione sulla valutazione delle start up (talvolta con un approccio un pò opaco, ad esempio confondendo round di equity e round di debito, con una conseguente falsata percezione del valore di mercato dell'impresa). Celebrare sound e tappe nella corsa all'unicorno, rischia però di distogliere l'attenzione dai fondamentali, che saranno meno "cool" ma -nel medio lungo termine- rappresentano i veri fattori di successo o insuccesso di un'impresa. È quindi essenziale mantenere un equilibrio tra entusiasmo e realismo. L'innovazione richiede tempo e risorse, bisogna affrontare i problemi con occhi aperti, senza trascurare aspetti cruciali come la sostenibilità economico finanziaria, il posizionamento sul mercato e la conformità normativa.

Eccesso di confidenza nel proprio modello e sottovalutazione delle complessità

Uno dei maggiori ostacoli nel mondo Fintech è proprio la conformità normativa. Nonostante l'esistenza di perimetri agevolati (le già citate sandbox) dove testare le soluzioni innovative senza dover affrontare sin da subito gli oneri derivanti dalle -spesso stringenti- norme finanziarie, queste ultime sono spesso oggetto di discussione.
Molte aziende Fintech hanno cercato di interpretare i regolamenti finanziari esistenti, pensando che la loro tecnologia potesse superare le barriere. Questo approccio ha spesso portato a problemi legali o interruzione del business. Talvolta, infatti, aree grigie nella normativa e interpretazioni di parte, hanno contribuito ad avviare business deboli dal punto di vista regolamentare. O quantomeno difficilmente scalabili in mercati diversi da quello di partenza a causa di scarsa flessibilità ad adeguarsi a diversi contesti normativi. In altri casi sono alcuni mercati a

non essere debitamente allineati ed a limitare sia l'accesso di nuovi player stranieri che il proprio sviluppo interno. Un esempio emblematico in tal senso viene dal già citato mancato adeguamento di alcune banche italiane a quanto previsto dalla PSD2. In estrema sintesi, diversi istituti italiani hanno manifestato scarsa propensione ad implementare adeguate API necessarie per far accedere terze parti ai dati dei propri clienti oppure a far avviare pagamenti dai conti di questi ultimi. Questa condizione ha limitato fortemente lo sviluppo nel nostro paese di provider open banking stranieri, che hanno dovuto obtorto collo contenere o rimandare gli investimenti in Italia con conseguenze negative per l'intero ecosistema finanziario italiano. La sottovalutazione di rischi connessi a specifiche dinamiche locali può comportare sia il mancato ritorno dagli investimenti in quello specifico mercato, sia un rallentamento della crescita con conseguenti possibili difficoltà nella raccolta di nuova equity. Situazione che, negli scenari peggiori, possono addirittura mettere in discussione l'esistenza stessa dell'impresa.

Problemi di sicurezza e privacy

Le norme a tutela della privacy sono particolarmente restrittive nell'Unione Europea, e questo può talvolta causare difficoltà nell'attività commerciale, specie agli inizi. Anche la gestione dei dati finanziari dei clienti è un aspetto delicato che richiede peraltro ingenti investimenti. Vista l'importanza di queste tematiche e l'attenzione delle autorità di vigilanza in materia, la sicurezza e la privacy devono essere al centro di ogni prodotto Fintech e rivestono importanza strategica per le imprese del settore. Inoltre, anche per scardinare la naturale diffidenza del mercato verso le soluzioni innovative ed incrementare le vendite, è necessario che la sicurezza dei dati e la privacy dei clienti siano priorità assolute. Inoltre, investire nella protezione dei dati e nell'adeguata formazione dei dipendenti è essenziale per evitare falle nella sicurezza ed evitare disservizi, con conseguenti rischi legale e reputazionali.

Assunzione di rischi eccessivi

Negli ultimi anni la positiva congiuntura di mercato del settore tecnologico ha consentito a molti giovani imprenditori di ottenere ingenti capitali per avviare i propri progetti. La gran parte di queste iniziative è nata su solide basi e su attente valutazioni di mercato ed economico-finanziarie. L'entusiasmo derivante dal grande successo di alcune imprese, insieme alla congiuntura finanziaria che ha fortemente incentivato gli investimenti in azioni e partecipazioni in società, ha però portato anche ad alcuni eccessi di ottimismo. Alcuni progetti Fintech sono infatti nati da un sano desiderio di innovazione radicale ma sono stati intrapresi senza una valutazione accurata dei rischi. Come spesso accade, da un eccesso di entusiasmo si è rapidamente passati ad un eccesso di prudenza e progetti meritevoli di grande attenzione a partire orientativamente dall'inizio del 2022 hanno faticato a trovare il supporto degli investitori, scottati dagli eccessi del recente passato ed ingolositi dal repentino rialzo dei tassi di interesse. Dalla metà del 2023 gli equilibri sembrano essersi ripristinati e gli investitori hanno ripreso a guardare al mondo tech con rinnovato entusiasmo. Un esempio e' il pre-seed della Fintech italiana Qomodo che ha raccolto da investitori del calibro di Exor, Ithaca, Lumeno ed altri, 4,5 milioni in equity e 30 in linee di credito per avviare i propri servizi di BNPL.

Mancanza di fiducia dei consumatori

Conquistare la fiducia dei consumatori è un elemento chiave per ogni impresa. Un compito non facile, soprattutto quando si avvia un servizio innovativo e non si dispone di un adeguato track record da spendere sul mercato. La diffidenza dei consumatori è stata anche alimentata da alcune recenti vicende, innalzatesi agli onori della cronaca, si pensi ad esempio alle vicende di Binance, oppure alla clamorosa bancarotta di Ftx. Visto che senza la fiducia dei consumatori è difficile avere successo nel settore finanziario, appare evidente come, soprattutto in questo ambito, sia essenziale poter dimostrare continuativamente la correttezza del proprio operato. Questo richiede sia processi slegati da ottiche commerciali di crescita che investimenti in marketing per comunicare al mercato in maniera corretta ed efficace i propri valori. Costruire e mantenere la fiducia dei consumatori richiede tempo ed impegno. Trasparenza, elevati standard di etica aziendale ed un servizio clienti di alta qualità sono fondamentali per guadagnare e mantenere la fiducia della clientela e per sviluppare partnership. In conclusione, mantenere l'equilibrio tra entusiasmo e realismo, rispettare la conformità normativa, garantire la sicurezza dei dati e la privacy dei clienti, gestire i rischi in modo responsabile e costruire la fiducia dei consumatori sono gli elementi chiave per ridurre i rischi e valorizzare al meglio il business in un'ottica di lungo termine.

Capitolo 9: Prospettive per il futuro del Fintech in Italia

Concludendo questo viaggio nel mondo del Fintech in Italia, possiamo trarre alcune considerazioni. La rapida ed incessante evoluzione di questa rivoluzione economico-culturale ha dimostrato la sua capacità di adattarsi ed innovare, spingendo costantemente i confini delle possibili funzionalità nel settore finanziario. Tuttavia, ciò che appare oggi come un trampolino di lancio verso il futuro è solo l'inizio di un percorso ancora più ambizioso. Non serve infatti una sfera di cristallo per prevedere che la tecnologia manterrà la propria centralità in un ecosistema finanziario che, nel rendersi sempre più globalizzato, sta abbandonando alcuni tradizionali bizantinismi e sta muovendosi verso un approccio più razionale, efficace ed efficiente. La recente introduzione dell'intelligenza artificiale nei processi Fintech rappresenta probabilmente il prossimo salto quantico per la finanza. Già oggi, infatti, l'intelligenza artificiale, con la sua capacità di analizzare dati in modo rapido ed efficiente, sta rivoluzionando la gestione degli investimenti, la valutazione del rischio e la personalizzazione delle esperienze finanziarie. Ciò apre la strada a servizi più sofisticati, mirati ed accessibili, ponendo al centro delle operazioni la soddisfazione degli utenti. Sostanzialmente ogni verticale analizzato in questo breve lavoro, infatti, potrà beneficiare dell'avanzamento dell'intelligenza artificiale nel creare nuovi servizi e migliorare le soluzioni esistenti in maniera tanto veloce quanto significativa.

L'interesse crescente da parte degli investitori istituzionali, dei fondi di venture capital e private equity, così come delle banche tradizionali, sottolinea il riconoscimento del potenziale del Fintech. Questi attori stanno giocando un ruolo cruciale nel sostenere l'innovazione, fornendo non solo capitale ma anche competenze e reti che possono accelerare lo sviluppo di nuove soluzioni.

Guardando al futuro, viene naturale pronosticare una sempre maggior integrazione tra le Fintech e le istituzioni finanziarie consolidate. La collaborazione tra innovatori ed attori tradizionali potrebbe portare a sinergie inaspettate ed all'offerta di servizi più completi ed efficienti. Inoltre, l'attenzione verso la citata sostenibilità finanziaria e sociale potrebbe guidare lo sviluppo di soluzioni Fintech incentrate su investimenti responsabili e inclusivi. Per i prossimi mesi e anni, è naturale ipotizzare un aumento dell'adozione di tecnologie blockchain e di smart contracts, portando ad una maggiore trasparenza e sicurezza nelle transazioni finanziarie.

In conclusione, il Fintech sta percorrendo -anche in Italia- un percorso esaltante, dove l'innovazione continua a ridefinire il modo in cui concepiamo e gestiamo le nostre risorse finanziarie. Con la collaborazione tra attori chiave, l'adozione crescente di tecnologie avanzate e una visione orientata al futuro, il Fintech italiano si prepara a giocare un ruolo sempre più significativo nel panorama finanziario globale. La continua innovazione, la costante ricerca di nuovi servizi e l'incessante corsa all'integrazione di nuove soluzioni, probabilmente stravolgeranno radicalmente il mondo finanziario nel giro di pochi anni, rendendo obsolete molte cose, tra cui queste pagine. Il bello della corsa all'innovazione ed al miglioramento è proprio questo: rendere improvvisamente vecchio ciò che si credeva definitivo e continuare a ricercare il miglioramento. Uno dei principali meriti -fino a pochi anni fa tutt'altro che scontato- del Fintech è stata la sua capacità di sposare due mondi apparentemente inconciliabili come la finanza e la tecnologia. Tanto lenta, autoreferenziale e ancorata al passato la prima quanto veloce, visionaria e rivolta al futuro la seconda. La stessa locuzione Fintech è di per sé un ossimoro e forse solo un altro ossimoro può descriverne lo sviluppo passato, presente e futuro: *festìna lente*.

Bibliografia:

Monti, F. (2020). Innovazione Finanziaria e Tecnologie Digitali: Il Caso Italiano. Edizioni Bancaria.

Villani, F. Giudici, G. (2021) Fintech Expert: Contro il logorio della banca moderna. Franco Angeli

Rossi, M. (2020). "La crescita del settore Fintech nel contesto italiano." Rivista di Economia e Finanza, 15(2), 45-62.

Banca d'Italia. (2021 e successivi). Rapporti sulle attività e sui servizi di pagamento digitali in Italia. Banca d'Italia.

Consob. (2022). "Fintech e regolamentazione in Italia."

Bianchi, P. (2021). Intervista su "L'evoluzione del fintech nel panorama italiano." Il Sole 24 Ore, 10 novembre 2021.

Ferrari, L., & Conti, M. (2021). "L'impatto del fintech sulle piccole e medie imprese italiane." Journal of Financial Innovation, 7(1), 78-92.

Osservatorio Fintech e Insurtech. (2021 e succ.). Rapporti Annuali sullo Stato del Fintech in Italia. Politecnico di Milano.

ABI Lab. (2022). "Fintech Observatory: Osservatorio sull'innovazione finanziaria in Italia."

EY (2022). "Payments (r)evolution. Il futuro dell'ecosistema dei pagamenti" Ernst & Young

Risorse online:

https://www.statista.com/statistics/1055589/prepaid-card-usage-by-country/

https://infostat.bancaditalia.it/inquiry/home?spyglass/taxo:CUBESET=/PUBBL_00_08_01&ITEMSELEZ=TSPAG040:
true&OPEN=false/&ep:LC=IT&COMM=BANKITALIA&ENV=LIVE&CTX=DIFF&IDX=1&/view:CUBEIDS=TSPAG040

https://www.statista.com/outlook/dmo/fintech/digital-payments/italy#:~:text=%23%20%E3%80%900%E2%80%A
0Digital%20Payments%20,2027%29%20of

https://www.mordorintelligence.com/industry-reports/italy-payments-market

https://www.bancaditalia.it/pubblicazioni/mercati-infrastrutture-e-sistemi-di-pagamento/approfondimenti/2023
-042/index.html?com.dotmarketing.htmlpage.language=1

https://www.ey.com/it_it/forms-it_it/fintech-waves-report

https://www.reuters.com/article/italy-payments-digital-idUKL8N3BC50L/#:~:text=,the%20year%2C%20nearly%2
0matching%20the

https://blog.osservatori.net/it_it/buy-now-pay-later-come-funziona

https://www.crif.it/area-stampa/accelera-buy-now-pay-later-italia-2023/